识表寻踪

职场小白的Excel
商务应用秘籍

〔日〕日花弘子　＋〔日〕尾崎裕子 / 著　　王海燕 / 译
Hiroko Hibana　　Yuko Ozaki

中国青年出版社

KAISHA DE EXCEL WO TSUKAU TOIU KOTO
- KAISHA TOKUYU NO HYO NO SHIKUMI GA WAKAREBA
GYOMU GA MIETEKURU -
Copyright © Hiroko Hibana, Yuko Ozaki 2017
Cover Illustration © Hiromi Sugita
Chinese translation rights in simplified characters arranged
with SB Creative Corp., Tokyo
through Japan UNI Agency, Inc., Tokyo

律师声明

策划编辑 张　鹏
责任编辑 张　军
封面设计 乌　兰
封面插画 [日] 杉田比吕美
Hiromi Sugita

侵权举报电话

全国 "扫黄打非" 工作小组办公室
010-65233456　65212870
http://www.shdf.gov.cn

中国青年出版社
010-59231565
E-mail: editor@cypmedia.com

版权登记号: 01-2019-1886

图书在版编目 (CIP) 数据

识表寻踪: 职场小白的Excel商务应用秘籍 / (日)日花弘子,
(日)尾崎裕子著; 王海燕译. -- 北京: 中国青年出版社,
2020.8
ISBN 978-7-5153-6041-6

I. ①识…　II. ①日…　②尾…　③王…　III. ①表处理软件-应
用-商务-数据处理　IV. ①F7-39

中国版本图书馆CIP数据核字 (2020) 第093813号

识表寻踪
——职场小白的Excel商务应用秘籍

[日]日花弘子 [日]尾崎裕子/著 王海燕/译

出版发行: 中国青年出版社
地　　址: 北京市东四十二条21号
邮政编码: 100708
电　　话: (010)59231565
传　　真: (010)59231381
企　　划: 北京中青雄狮数码传媒科技有限公司
印　　刷: 北京瑞禾彩色印刷有限公司
开　　本: 880×1230　1/32
印　　张: 8
版　　次: 2020年8月北京第1版
印　　次: 2020年8月第1次印刷
书　　号: ISBN 978-7-5153-6041-6
定　　价: 69.80元(附赠独家秘料, 加封底QQ群获取)

本书如有印装质量等问题, 请与本社联系
电话: (010)59231565
读者来信: reader@cypmedia.com
投稿邮箱: author@cypmedia.com
如有其他问题访问我们的网站: http://www.cypmedia.com

前言

计算机讲师的主要工作内容就是介绍如何使用Excel实现各种实用功能。我们此前负责过许多讲座，也出版过一些书籍。想必大家在毕业入职之前也曾学过Excel，但真到用的时候却摸不着头脑，归根结底的原因仍然是自身能力的不足。此次执笔本书立足于"公司表格"的视角，引申出以下思考。

不明就里的公司表格

公司使用的表格较为复杂，并不是书中的简单表格，大多数情况下只有该公司的人能够弄清楚其含义。刚入职不久的新人经常会被要求处理Excel表格的工作，极不合理。对于不明就里的表格，自然无法充分发挥Excel功能。并且，表格的实质就是工作需要，尚未深刻理解工作也是无法发挥Excel功能的原因之一。因此，本书着眼于表格的含义及工作流程，不考虑行业的种类，以通用表格为题材，对表格的阅读方法、结构及Excel功能进行解说。针对Excel功能的解说，并不像常规说明那样根据用途、难易度等系统解说（详细内容参照第1章的第18页）。表格制作及工作流程中所需功能，书中会适时解说。其次，书中例举一些日常生活中发生的趣闻、职场人常用的商务用语等，方便在繁忙的工作之余能轻松阅读，为职场新人能更好、更快地融入工作助一臂之力。此外，本书主要针对学过Excel的人编写。但是，几乎没有人会用Excel的所有功能，原本"会用"的标准就是不明确的。

本意想让大家利用碎片时间轻松阅读，但仅凭如此无法理解精髓。所以，特别注意对重要功能详尽说明，希望大家能够耐心多花点时间阅读本书。最后，衷心希望本书能够帮助大家理解"表格"，提升Excel技能。

[日]日花弘子、[日]尾崎裕子

CONTENTS

第3章

及时派上用场的数据才有意义

工作数据的汇总量逐渐增多

第**4**章

表格连接和数据分析

第5章

了解数据的意义离不开统计 095

第6章

用积攒的数据制作报表 113

第 **7** 章

获取外部数据

使用非Excel制作的数据

第**8**章

理解由他人制作的表格的构造

第9章

反复使用的表应当采用简单便捷的结构

第10章

通过信息共享来提高生产效率

第 **11** 章

把工作表作为方格纸使用

方格纸工作表可以干什么?

第 **12** 章

既想编辑数据又想方便打印就和Word配合使用 227

择优选择Excel和Word来提高制作文件的效率 228

第 1 章

通过表格掌握工作

入职之后确认表格

▶▶▶理解工作中使用的表格，使工作清晰可控。

公司的工作内容繁多，任何工作都要涉及一些表格。仅确认表格的项目名称，就能大致了解工作内容。并且，合理运用表格，可使得工作流程化、规范化。执行工作的过程中，将各种情况使用的表格区分确认清楚，也能掌握工作流程。

⊙日常工作流程示例

时间	工作	相关表格	目的及效果
09:00	上班	今天的工作项目清单	确认今天的工作内容，预防低级错误。然后决定工作的先后顺序
09:15	上班	对接人员计划表	掌握对接人员动向，能够在接到电话或当面对接时快速处理
10:00	会议	会议记录	保留会议记录，信息共享
13:00	拜访客户	策划书等	向客户介绍本公司的情况、服务，作为客户确定意向的依据
15:00	回公司	业务报告	保留记录/信息共享/回访/汇总问题及课题/思考今后的对策
16:00	回公司	交通费用报销单	工作足迹
16:45	下班之前	明天的工作项目清单/日报	可确认今天的未完成工作以及明天的工作内容

这样简单的示例，却与6种表格相关。理解各种表格的目的、理由、效果等，使工作内容可视化。针对表格进行提问时，建议精准提问表格内项目，而不是表格的全部内容。该项目的必要性原由、过去的情况等，被问及的可能性高。并且，具体话题能够加深对工作的理解。

此外，各种表格都有其特殊作用。但是，也有共通作用，也就是凭借"工作内容可视化（→第18页）"进行信息共享。共享信息的核心就是公司由许多人组成，即使具体负责人不在场也能执行工作内容的制度。所以，不要认为自己是不可或缺的。即使你不在，其他人也能通过各种表格使工作正常运转。

表格种类过多

▶▶▶ 表格大致可分类为3种。

公司中运用的表格数量繁多，但主要分为以下3种。

①数据汇总表
②数据运用表
③打印专用表

数据汇总表，是指保留记录的表格及保留客户数据、商品数据等公司财产所需数据的表格。数据运用表，是如销售报告等所使用的统计表。打印专用表，包括申请书等需要打印的表格。但是，各种表格并不一定仅符合这三种分类之中的任意一种，①和②、②和③、①~③等包含多种分类的表格也不在少数。并且，**如果从其他视角考虑汇总、运用、打印这三个分类，可分为①数据输入、②数据加工、③数据输出**。①②③是指从输入至输出的一系列流程，业务流程也包括在内。并且，如果需要制作符合流程的表格，Excel就能做到。**进入职场之后"先学Excel"，因为与公司内部业务直接相关的文件通过表格形式构成，即Excel制作的表格**。以下"复合"表格的代表示例为最终成果，例如为了获得分析表，数据汇总表也必不可少。

◑表格与Excel的关系

	表格分类	表格代表示例	Excel功能示例
①	数据汇总表	数据库	通过表格/输入规则，输入数据
②	数据运用表	统计表	通过函数及计算功能，加工数据
③	打印专用表	申请表	单元格作为方格纸运用
复合	汇总、运用	分析表	通过数据透视表/条件格式，充分利用数据
复合	汇总、运用、打印	预算表	充分利用表格/函数/打印等Excel功能

使用Excel制作的表格会在什么情况下出现问题？

▶▶▶ 主要在打印专用表中使用函数计算功能时容易出现问题。

　　使用Excel制作的表格出现问题的情况，主要在打印专用表中使用分类汇总值计算等Excel函数计算功能时容易出现。打印专用表优先考虑外观效果，且为了制作组合复杂的表格，前提就是不使用Excel的函数计算功能。即便如此，如果想要在表格格式正常的同时求取分类汇总值，也相当不合理。

　　下图为以前讨论过的表格格式（无法提供原表格，此处经过简化）。此表为各月份每位销售人员的销售额管理表，用于打印。

◔打印专用的销售额管理表

	A	B	C	D	E	F	G
1	●4月						
2	姓名	青山花子	佐佐木裕子	渡边启子			
3	销售额	15800	8900	11500			
4	数量	6	3	8			
5							
6	●5月						
7	姓名	青山花子	田边美由纪	松冈加奈	渡边启子		
8	销售额	9800	12800	18200	13800		
9	数量	3	6	8	11		
10							
11	★合计★						
12	姓名	青山花子	佐佐木裕子	田边美由纪	松冈加奈	渡边启子	
13	销售额						
14	数量						
15							

按照月份汇总每位销售人员的销售额、销售件数，用于掌握销售额状况的打印专用表。

　　此表格的功能要求如下：自动得出每个人的销售额及数量的分类汇总值；与每月增加的表格对应，自动更新分类汇总值。基本上，是一个只能使用加法函数的表格。在提出某种函数计算方法之前，必须考虑到方便使用者。为了在表格增加时更新分类汇总值，需要事先准备空白表格，希望使用者逐月分次制作。此表格制作是在优先考虑打印专用的立场不变的前提下，还要求取分类汇总值的不合理式样。在此之后，曾提出修改表格。但是，对方不想改动已使用习惯的表格，最终不了了之（每月的分类汇总究竟是如何处理的？为什么最终不了了之？）。

其实，具体解决对策如下：在打印专用（本应如此）的表格中求取分类汇总值时，分别制作数据输入表和计算表（第15页的表分类①及②），将计算结果复制于打印专用表。

输入数据后，利用表格函数进行计算以及打印环节放在一个表格里完成，未必就能提升工作效率。大多数情况下，根据表格的使用方法准备看似多余的附表，从整体考虑是更为方便的。

COLUMN 专注设计用于打印的表格

除了上一页的表格之外，下面介绍之前遇到过的独特格式的表格（缩略图均为虚构数据）。每一种表格均专注设计用于打印。打印专用，绝无问题。

⊙列宽对齐的表格（与字符数无关）

	A	B	C D	E	F
1	开 讲 讲 座 名		开	讲	日
2	宏 观 经 济 政 策 论		周	四	/3
3	劳 动 经 济 学		周	五	/1
4	经 营 论		周	一	/4
5					

单元格内分散对齐时，为了避免字符紧贴单元格两端，在两侧设置空白列。此表通过分散对齐（缩进）设定，巧妙解决了字符数量产生的微妙分散对齐差异。

⊙优先考虑符号的列宽，通过文本框调节行距的表格

	A	B	C	D	E	F
				管理项目		
1	公司名 （有经济往来）|	所在地	电话号码	邮箱	本金	员工人数
3	ABC股份有限公司		○	○	×	×	×
4	XYZ股份有限公司		○	○	○	○	○
5							

此表为了保证符号"○"、"×"的列宽，缩小项目名称的字号（小到担心老花眼可能看不清的程度）。并且，为了缩小单元格内换行之后字符行距，利用文本框制作项目名称。

⊙使用图形的表格

	A	B
1	顾客ID	购物平台
2	P001	P , Ⓖ , S , Ⓐ
3	P002	P , G , Ⓢ , A
4	P003	P , G , S , Ⓐ
5		
6		

通过圆圈图形圈上相应位置。今后，需要分类汇总（此处是指按照购物平台分类）时，被圆圈图形圈上的内容不能应用计算及函数，这是此表存在的问题。

One Point

本书的内容构成

　　本书在内容构成方面，以制作表格时"汇总"、"运用"、"打印"等3种分类及"输入"、"加工"、"输出"等3个阶段为核心。因此，对Excel的说明方式与常规教科书不同，并不是按照功能的种类或难易度等进行系统分类。本书的系统分类与实际工作业务毫无关系。所以，即使相同分类功能，只要表格不同，也会根据需要多次举例。此外，通常首先介绍难度高的功能，接着介绍简单的功能。本书关注日常的工作业务，依据实际情况进行说明。

🔽本书的顺序

章	分类	主要内容
第2章	输入汇总数据	搭建数据库
第3章	输入汇总数据	数据运行相关数据整理
第4章~第5章	运用已汇总的数据	制作分析表、统计表
第6章	汇总、加工及打印	制作表单
第7章	补充数据	获取外部数据
第8章	运用表格	财务类表格的读取方法
第9章~第11章	运用或打印表格	制作重复使用表格、打印后使用表格
第12章	打印及运用汇总数据	邮件合并制作标签

术语解说

工作内容可视化

通过将工作内容的流程及进度状况等信息文件化，实现可视化管理。依托可视化的信息共享作用，促进问题点的提早发现、问题解决的对策及执行、问题反思等，达到工作效率提升等改善效果。

第 2 章

通过汇总数据掌握更多信息

通过1件1行的数据库形式
汇总公司数据

根据项目名称，从按照1件1行形式汇总的数据库中筛选"主数据"表。主数据库中汇总大量基础信息，是公司长年累月积累的宝贵财产。

数据库？

顾客主数据示例

	A	B	C	D	E	F
1	顾客ID	顾客名	邮编	地址1	地址2	建筑名
2	0001	涉川支持中心	377-0312	群马县涉川市小野子	55XX-XXX	联邦大楼B－1XX
3	0002	（股份公司）多摩工业	214-0037	神奈川县川崎市多摩区西生田	1-XX-XX	
4	0003	佐佐木商店	340-0015	埼玉县草加市高砂	6XX-XX	
5	0004	立川运输（股份公司）	156-0045	东京都世田谷区樱上水	5-X-X	世田谷大楼X层

	G	H	I	J	K	L	M	N
1	电话	对方负责人	部门	职务	销售负责人	交易等级	登记日	更新日
2	0279-2X-1XXX	小野 宪一		会长	园田 稔	B	2010/4/15	2016/10/3
3	045-4XX-8XXX	山本 英治	总务部	总务部长	江川 拓真	A	2010/5/20	2016/10/3
4	048-9XX-2XXX	佐佐木 肇		董事长	加藤 康平	C	2010/9/20	2016/10/3
5	XX-9XXX	渡边 祐树	营业部		山本 和明	A	/10/1	2016/10/
6							/6/2	2016/10/
7							/7/11	

只用把数据记录下来吗？有什么用？
➡P.22

主数据？
➡P.22、P.24

看起来输入很麻烦……
➡P.36

▶更多疑问及顾虑

▶其他主数据库

工作人员主数据

工作人员ID	姓名	部门	工种	职务	职位	内线	入职日	录用类	离职	更新日
1989001P	宇都木 要	制造部	组装	装置组装	课长	3965	1989/4/1	应届生		
1990001P	持田 恭一	经理部	经理		部长	1221	1990/4/1	应届生		
1990002P	小松 知树	人事部	人事		部长	4301	1990/4/1	应届生		
1992001P										
1992002P										

商品主数据

No	商品ID	商品名	本体价格	供货厂商	更新日
	1 S002-4568815250011	comega-GMTseramic-sukuera(BL)	18,850	S002	2015/4/1
	2 S002-4568815250011	comega-GMTseramic-sukuera(BL)	18,850	S004	2015/4/1
	3 S002-4568815250028	comega-GMTtitan-sukuera(BL)	18,850	S002	2015/4/1
	4 S004-4568815250028	comega-GMTtitan-sukuera(BL)	18,850	S004	2015/4/1

顾客主数据　2019/12/16

顾客ID	姓名	性别	生年	月	日	年龄	住址1	邮箱地址	DM拒否	兴趣1	兴趣2	不用促销
CU1001	生田 树	男	1980	5	13	39	横浜市南区万世町	ikuta@xxx.ne.jp		美食	时尚	
CU1002	伊势 伊玖	女	1992	12	13	27	大里郡寄居町小园	ise@xxx.ne.jp		美食		1
CU1003	江藤 江平	男	1980	8	1	39	成田市长田	jun@xxx.ne.jp	1	杂货		
CU1004	佐伯 慎吾	男	1996	3	27	23	川越市鮮井新田	sg-s@xxx.ne.jp		杂货		
CU1005	仓田 润平	男	1997	6	28	22	横浜市荣区桂台东	kura@xxx.ne.jp		美食		
CU1006	佐女木											

商品主数据

对象ID	类别ID	品种ID	商品ID	对象	类别	品种	销售价格	促销
M	ACCES	TAP	#NAME?	男士	首饰	别针	3,000	
M	COAT	BALC	#NAME?	男士	大衣	立领	39,000	
M	COAT	TREH	#NAME?	男士	大衣	风衣	59,000	
M	JACKET	SLM	#NAME?	男士	夹克	修身	25,000	
M	JACKET	BAS	#NAME?	男士	夹克	基础	35,000	

▶数据库

　　数据库是指基于相同目的汇总的数据集合。本文是指按照1件1行输入的明细表，即1列1项目。使用Excel制作的数据库中，每个单元格输入1个数据，不合并单元格。表头的项目名称为"字段名称"，行数据为"记录"，列数据为"字段"。

顾客ID	顾客名	地址1	对方负责人	销售负责人	交易等级	登记日	更新日
0001	涉川支持中心	群马县涉川市小野子	小野 宪一	园田 稔	B	2010/4/15	
0002	（股份公司）多摩工业	神奈川县川崎市多摩区西生田	山本 英治	江川 拓真	A	2010/5/20	2016/10/3
0003	佐佐木商店	埼玉县草加市高砂	佐佐木 肇	加藤 康平	C	2010/9/20	2016/10/3
0004	立川运输（股份公司）	东京都世田谷区樱上水	渡边 祐树	山本 和明	A	2010/10/1	201
0005	世界洋品店	东京都墨田区堤通	尾本 美沙	小坂 直树	Z	2011/6/2	2016/10/3
0006	蒲公英办公用品	东京都江东区深川	田阪 友里	山本 和明	B	2011/7/11	2016/10/3
0007	朝日商店组合	神奈川县横浜市港北区大池町	宇佐美 忠	江川 拓真	Z	2012/4/5	2016/10/3

字段名称　记录　字段

主数据库是否仅用于存储？
具体用途是什么？

▶▶▶有助于数据的查找、筛选以及替换等日常工作高效化。

在没有计算机的时代，主数据称之为"台账"。客户主数据就是"客户台账"，是汇总客户相关基本信息的数据。商品主数据就是"商品台账"，**是汇总商品相关基本信息的数据。**

通过单行完结的汇总方式提升数据库的方便性

主数据库中录入数据之后，如无需修改、变更或追加等，则数据原样保存。对比第3章介绍的另一种数据库，数据变动小，使用频率也不高。这种数据是否会出现这种问题："如果汇总之后只是偶尔查阅使用，相比难以查阅的横向表格，汇总于A4纵向尺寸的表格中是否更容易查阅？"

◑独立表单形式的客户数据库

	A	B	C	D	
1	顾客ID	0001		销售负责人	园田　秽
2	顾客名	涉川支持中心		交易等级	B
3	邮编	377-0312		登记日	
4	地址1	群马县涉川市小野子		更新日	
5	地址2	55XX-XXX			
6	建筑名	联邦大楼B-1XX		特殊事项	
7	电话	0279-2X-1XXX		会长不在时，	
8	对方负责人	小野　宪一		请联系川田 洋子经理。	
9	部门				
10	职务	会长			
11					

独立表单可以通过一张表单展现客户全部信息。

上图是一种称之为"独立表单"的卡片型数据库。或许有人会认为这不是数据库，但数据库的定义就是基于相同目的汇总的数据集合。依据数据管理的方法，分为卡片型或明细表形式。使用"#"标注的Twitter（推特）也是一种分类数据库。但是，本文中的数据库是指按照1件1行管理的明细表形式（参照第20页）。独立表单能够通过1张表单掌握客户信息，是一种主要用于确认信息的表格。但是，在商务活动中并不只是为了确认信息而需要汇总数据。**有效开**

展日常业务，提升生产效率也是汇总数据的目的之一。通过横向1行完结1件数据的方式输入的理由是方便重复使用。主数据库的主要使用方法一般包括如下4个方面：

① 查找数据

② 仅筛选所需数据

③ 按照指定要求排序

④ 确认数据

如果使用数据库进行管理，10秒就能筛选销售负责人"小坂直树"负责的客户，并按照ABC顺序排列显示交易等级等。但是，独立表单无论怎样调整都不能在10秒内完成上述操作。

◐主数据库的使用示例：筛选及排列

	A	B	H	I	J	K	L
1	顾客ID ▼	顾客名 ▼	对方负责人 ▼	部门 ▼	职务 ▼	销售负责人 ▼	交易等级 ▼
6	0012	威尼菲斯咨询	中野　直美	营业部		小坂　直树	A
10	0009	丸山装修	长谷川　护	营业部		小坂　直树	B
13	0017	樱花仓库（股份公司）	上原　雅治	管理部	主任	小坂　直树	C
18	0005	世界洋品店	屉本　美沙	总务部		小坂　直树	Z
22							

在数据库中使用筛选排序功能（→p.56），10秒便能完成。

数据库的方便性由数据品质决定

由于使用独立表单汇总，1件1行的数据库汇总方法可提升方便性。但是，也有需要注意的事项，就是将能够在10秒内轻松操作的内容和可获得结果的准确性分开考虑。本文所说的数据品质，是指严格遵守规范，数据得到正确整理的状态。人名"小坂直树"与"小坂 直树"相同，且半角A与全角A同为A，但Excel却将它们作为不同数据进行处理。如果这类数据混在一起，快速筛选或替换都没有意义。为了使数据库能有效应用于日常业务中，数据的品质管理极为关键。

术语解说

整理及整顿

整理是指将需要内容和不需要内容区分，舍弃不需要的内容。整顿是指做好准备，以便在需要时能够立即使用。

存储于主数据库的数据项目如何决定?

▶▶▶ 数据库很大程度依托公司历史。

　　除了数据库之外,确立表格的项目名称时明确表格的使用目的同样至关重要。主数据库是公司日常业务中积累而成的历史财产,固然需要明白使用目的,确保数据完整更为重要。本文中,以客户主数据为例考虑数据项目。客户数据的积累从销售人员交换名片开始,名片信息就是客户主数据库中汇总的基本项目。其中,决定日常业务相关管理项,根据职种而产生变化,任何职种均通用的就是拼音。不仅限于客户主数据,其他主数据中的固有名词也应标注拼音(→第40页),以防止误读。对于通过语音联系客户的呼叫中心等作为核心业务的职种,地址也需要拼音标注。否则,误读客户地址也会对客户满意度造成影响。此外,应设定能够分清客户所需的客户ID等代码、录入日期及更新日期等日期信息。进入公司之后,无论表格还是文件,"日期"是最醒目的数据项目。没有日期的文件即使内容正确,也很难让人信服。此外,还可将交换名片的姓名录入为"销售负责人"并设置交易情况等项目。

◯客户主数据库的项目名称示例

基本项目	客户信息(名称、所在地、联系方等)
管理项目	客户ID、拼音、负责人姓名、录入/更新日期、交易情况等

　　除名片中显示的内容外,如果客户是企业,基本项目中还可汇总客户的资本金额、销售额、从业人员数量等企业信誉相关项。并且,除了客户ID以外,还可以按照汇总数据的顺序设置序号。

术语解说 **信贷**

赊销(信用销售)中,从交易对象回收货款之前给予信用。

即使交易结束也不能从主数据库中删除数据

即使评估不会与交易对象再次展开交易，也要添加交易完结的标识进行区别，不得从主数据库中删除。因为可能对以往的交易产生疑问，或者需要对以往的数据进行分析等。

通过表现更新日期及内容的项目建立数据品质保证的机制

主数据库的数据变动较小，应设置定期检点日确认数据内容，作为内容确认的证据替换更新日期，以保证数据品质。但是，点检为附带作业，如果影响核心业务，就会造成后期拖延。因此，需要将表示交易情况等内容的项目名称加入主数据库中。内容信息表示动作，所以是更新机会多的项目。由此，形成修改调整主数据库的机会自行增多的机制，以保证数据品质。

COLUMN 主数据及个人信息保护

要求删除"不再使用且需要删除的数据"等个人信息时，原则上没有从主数据库中删除数据的义务。依据个人信息保护法（个人信息保护相关法律），只要按照法律正确使用，就能委托个人信息处理业务方决定信息使用的意图。但是，如果向申请删除的客户持续发送DM等促销信息，反而容易引起客户不悦感。企业自身方面，对不会使用客户的促销手段只是徒增成本。为了避免增加成本反而得不到积极效果，应删除不需要信息，保留能够应对以往交易咨询程度的信息，避免通过DM等促销。

COLUMN 数据管理方法

对于损失后会造成影响的重要数据，有许多公司导入基础业务软件等构建数据库，并实施严格管理。但是，也有事业部及科室单位等单独管理的数据。此时，通过功能方面及操作方面较为灵活的Excel搭建数据库。总而言之，掌握项目名称的思路至关重要。

所有数据库应设置ID编号

▶▶▶为了清楚区分数据，不允许重复。

　　设置代表ID编号的代码，是为了限定1件1行的数据，不允许重复。并且，代码也可用于与其他数据库协调。例如，汇总时间、人员、采购内容的销售明细数据库中，如果"人员"为客户ID、"采购内容"为商品ID，与主数据库协同即可参照详细数据，有利于多类型的数据统计。这类协调参照第4章（→第73页）的解说。

商品ID具有简化沟通的功能

　　员工及客户即使拥有自己的员工ID或客户ID，通常也不会直接称呼代码，而是称呼山田先生或SB造型师等名称。即使称呼名称，全员的认知基本都能统一。但是，如果使用名称表示商品，不同的人就会联想到不同的商品，造成混乱。

　　商品ID与其他ID相同，除了能够统一限定数据的功能，还有简化沟通的功能。通过使用商品ID，能够实现正确沟通（客户咨询、物流负责人的库存管理等）。

设置能够有效利用的商品ID

　　商品ID的设置方法包括对每一位代码分别赋予含义和设置连号等方法。对每一位代码赋予含义时，对商品分类制定公司内部通用规范，建立机械取号的系统。

　　零售业方面，为了扩大销售渠道，不仅通过实体店开拓业务，电商也逐渐增多。此时，可以在网上建立自己的网站，或者利用雅虎、乐天等EC（电子商务）网站。关于商品ID的设置方法，不同的EC网站都制定了各自的规范。在很多EC网站开设多个店铺时，详细调查各EC网站的规范，尽可能统一为1个商品ID，从而有效地对商品进行管理。

One Point

与商品分类代码连接制作商品ID

组合商品分类代码制作商品ID时，使用CONCATENATE函数较为方便。Excel 2016中可更改CONCAT及函数名称，但也可以利用CONCATENATE函数。

◆使用连字符连接分类代码制作商品ID

	A	B	C	D	E	F	G
1	商品主数据						
2							
3	对象ID	类别ID	品种ID	商品ID	对象	类别	品种
4	M	ACCES	TAP	M-ACCES-TAP	男士	首饰	别针
5	M	COAT	BALC	M-COAT-BALC	男士	大衣	立领
6	M	COAT	TREH	M-COAT-TREH	男士	大衣	风衣
7	M	JACKET	SLM	M-JACKET-SLM	男士	夹克	修身
8	M	JACKET	BAS	M-JACKET-BAS	男士	夹克	基础

D4 = CONCATENATE(A4,"-",B4,"-",C4)

在单元格D4中输入"=CONCATENATE（A4,"-",B4,"-",C4）"，使用连接符间隔连接"对象ID"、"类别ID"、"品种ID"，制作成商品ID。

此外，也可以使用Excel 2016新增的TEXTJOIN函数。如果输入"=TEXTJOIN（"-",,A4:C4）代替CONCATENATE函数，可以通过连接符间隔连接单元格A4至C4。

One Point

内含采购代码的商品ID

如果将采购代码一并设置与商品ID进行管理，能够区分具体哪个供应商提供的商品。多家供应商提供相同商品时，容易对接咨询。并且，对筛选指定供应商的商品明细同样有所帮助。

CONCATENATE函数 连接字符

公　式　=CONCATENATE（字符1，字符2，……）

说　明　从字符1开始依次连接。

One Point

商品主数据的作用

商品主数据的基本项目包括商品ID、商品名称、价格，商品管理是其主要作用。如前所述，商品ID尽可能统一为1个是有效管理商品的诀窍。如果各客户的商品ID不同，会导致物流现场混乱，引起验收错误、出货错误等。所以，商品ID的设定方式会对物流成本产生影响。

此外，还可以设置对商品主数据中的供应商、采购价格、采购至出货的前置时间（Lead Time）、批次、更新日期等进行管理。从多家供应商采购同样商品时，有利于分析成本率（A供应商交付期短、B供应商能够小批量采购等）等。

COLUMN 使用JAN代码（GTIN代码）进行商品管理

商品ID是供应链中方便管理增设的代码，例如生产厂商的商品ID、批发商的商品ID、零售商的商品ID等。因此，为了顺利推动供应链的各阶段衔接，通过JAN代码提升衔接效果。JAN代码是日本专用名称，国际上称之为GTIN（全球贸易项目代码）。JAN代码是指表示"国家、业者、商品"国际标准的商品识别代码。通常，JAN代码（GTIN代码）在生产厂商阶段对各商品分别设置，按照标准由13位组成。获得企业代码之后，JAN代码的设定步骤及校验数位的计算方法得以确定。详细内容参照"一般财团法人流通系统开发中心"的主页。

术语解说 供应链

材料的供应商、商品的生产厂商、批发商、零售商、物流业者等多层级的业者协同，使物资及信息得以流通。

术语解说 BCP

业务连续性计划。常规状态中发挥功能的供应链由于灾害等紧急事态导致无法正常发挥功能，甚至会导致客户流失及业务缩小。BCP是一种未雨绸缪的措施，意在提升紧急状况时应对能力的计划。

细分输入出生日期及地址

▶▶▶数据排序简单，数据拆分复杂。

出生日期通常使用半角分隔符"/"隔开，在Excel单元格中输入"公历年/月/日"，就能以日期形式显示，识别为用于日期计算的序列号。将"年"、"月"、"日"分开输入各单元格，这种做法并不高效。

输入地址时，通过自动更正输入邮政编码"106-0032"，按Enter键后自动变为"东京都港区六本木"。所以，要比直接输入门牌号及建筑名称等更有效率。

换而言之，如何使用所汇总的数据才是关键。如果只需确认，并没有其他用途，将年月日汇总于1个单元格即可。但是，如果需要趁着客户的诞辰日发送宣传活动信息时，单独输入诞辰日能够更高效操作。

地址也可标注在宣传单等，方便派发（→第228页）。此时，根据地址长度，如果在不合适的位置换行，外观会显得不整齐，客户满意度也会降低。

Excel中的数据排序简单，数据的分类比排序繁琐。将日期及地址等合理分类，使用更加方便。明白这个道理后，在一开始设计表格时就对区分项目进行管理。在Excel中使用函数进行计算非常方便，但要想之后进行分类则不推荐使用。

One Point

输入邮政编码转换为地址的方法

如何设置自动更正呢？即输入邮政编码自动输入地址。该功能和Word中对应的功能是一样的，用户同样可以将经常输入有误的词语设置自动更正，下次如果输入错误词语，可以自动更正为正确的。具体点在[自动更正]对话框中设置。首先打开[Excel选项]对话框，单击[自动更正选项]按钮，在打开的对话框中设置。

⤵通过［自动更正］让邮政编码和地址关联

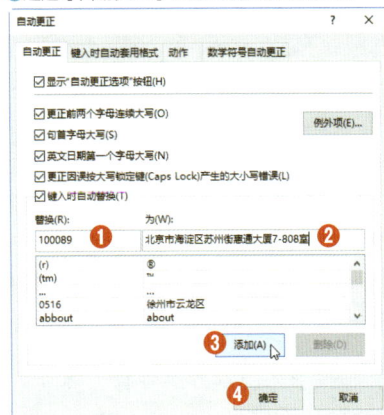

在［自动更正］对话框的［替换］文本框中输入邮政编码❶，在［为］中输入地址❷，单击［添加］按钮❸，单击［确定］按钮❹。

COLUMN　局部优化及整体优化的观点

　　上一页从如何使用汇总数据的观点出发，对如何分类出生日期进行了简单说明。但在现实中，即便同一公司，如果立场不同，对数据的认知及使用方法也会有所差异。接下来，要说的就是"整体优化"。例如分类汇总数据时，即使有些部门发挥积极作用，其他部门发挥消极作用，如果全公司考虑为积极，就实施分类的整体优化思路。但是，现实中积极、消极的标准本就模糊不清，或许还会被公司内部潜在的力量所左右。并且，虽说是整体优化，但是有些公司也会追求通过小集体活动实现业务改善。小集体活动的改善，就是实现所属部门优化的局部优化。不难想象，即使排序局部优化也不会达到整体优化。为了实现整体优化，公平评价整体优化的制度（积极、消极的判断标准）、避免整体优化导致某些部门受损的机制等各种前提条件必不可少。许多公司都在为此付出努力，个人方面也要从局部优化及整体优化的观点考虑自身工作。看似毫无价值的工作，或许有利于整体优化。

如何从大量数据中查找所需信息？

▶▶▶▶使用查找功能之前选择范围，能够实现快捷查找。

　　为了从大量数据中查找需要掌握的信息，就要用到查找功能。每次在"查找和替换"对话框中单击"查找下一个"按钮时，活动单元格就会移动到对应单元格，即可查找数据。此时，事先选择查找范围再操作就是快捷查找的秘诀。查找并不是详细获得单元格范围，而是依据"大小兼可"条件，以列或行单位选择才能实现效率提升。

　　未选择范围时，将工作表整体作为查找对象。根据查找内容，有时需要大量查找，有时难以查找到目标数据。下图中，正在查找"品种ID"列的字符M。通常的设定中，是查找包含"查找字符"的单元格，并非与"查找字符"一致的单元格。如果未事先设定查找范围，"对象ID"、"种类ID"、"商品编号"也能大量查找包含字符M的单元格。

◆数据查找：按下Ctrl＋F组合键之前选择查找范围会提升查找效率

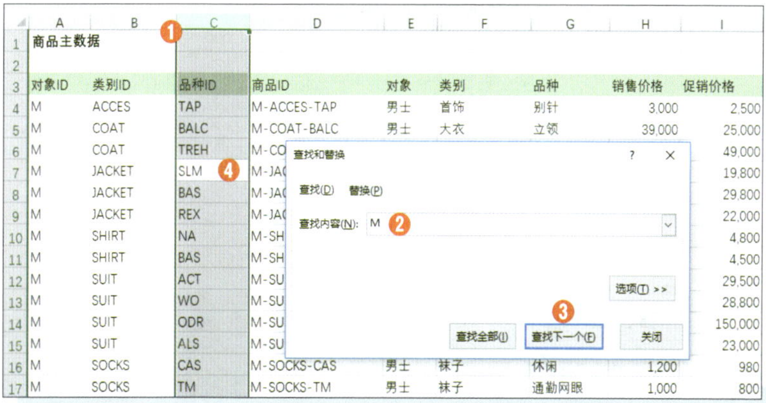

选择查找范围之后❶，按下**Ctrl＋F**组合键，在［查找和替换］对话框的［查找内容］中输入查找内容❷，每次单击［查找下一个］时❸活动单元格移动至查找范围内的对应位置❹，查找结束之后单击［关闭］按钮。

如何毫无遗漏地准确更新？

▶▶▶ 选择范围，使用已设定选项的替换功能更有效。

　　替换数据时，可以通过上一页的［查找和替换］对话框的［替换］选项卡进行操作。按下**Ctrl + H**组合键之后，在打开的［查找和替换］对话框中切换到［替换］选项卡。与查找相同，若在整个工作表中查找包含指定字符的单元格为替换对象，会导致不需要替换的文字被替换的风险。因此，替换数据时，首先选择替换对象的范围。仅通过这样操作，就能降低风险发生率。接着，单击［查找和替换］对话框的［选项］按钮，进一步设定替换方式，可进一步减少风险。下图为将"对象ID"列的M替换为Men。如果未选择范围进行操作，工作表内所有含M的单元格均替换为Men。

◎数据替换：按下Ctrl+H组合键之前选择替换对象

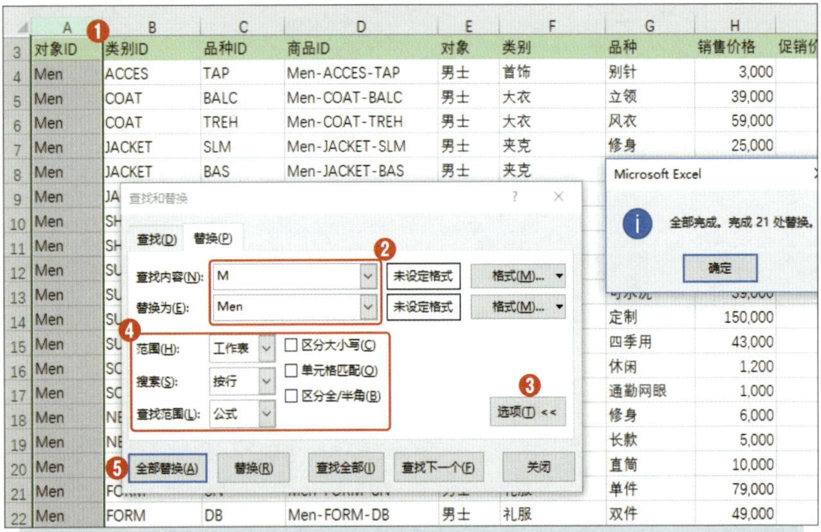

	A	B	C	D	E	F	G	H	
3	对象ID	类别ID	品种ID	商品ID	对象	类别	品种	销售价格	促销价
4	Men	ACCES	TAP	Men-ACCES-TAP	男士	首饰	别针	3,000	
5	Men	COAT	BALC	Men-COAT-BALC	男士	大衣	立领	39,000	
6	Men	COAT	TREH	Men-COAT-TREH	男士	大衣	风衣	59,000	
7	Men	JACKET	SLM	Men-JACKET-SLM	男士	夹克	修身	25,000	
8	Men	JACKET	BAS	Men-JACKET-BAS	男士	夹克			

选择替换范围之后❶，按下Ctrl + H组合键，在打开对话框的［替换］选项卡下设置指定字符❷。单击［选项］按钮❸，在打开的面板中详细设定替换方法❹。单击［全部替换］按钮❺，指定范围内对应单元格的数据均被替换。

如何优化难以直观查看标题的宽表格？

▶▶▶ 冻结窗口，始终显示标题行或标题列。

在查看屏幕无法完全显示的宽表格时，需要来回滚动画面，查看表格标题，这种多次往返滚动将导致效率变低。

此时进行工作表窗口冻结，让标题等需要始终显示的行或列无法滚动。

操作方法就是选择想要始终显示的行及列交叉而成的右下方单元格。接着，选择［视图］选项卡→［冻结窗格］→［冻结窗格］选项，操作至此完成。解除设定时同样操作，菜单可切换为解除冻结窗口。

◉ 冻结窗口时选择的单元格

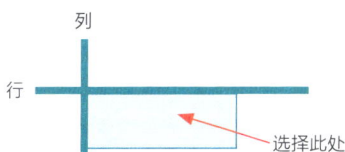

列

行

选择此处

◉ 通过［冻结窗格］始终显示标题

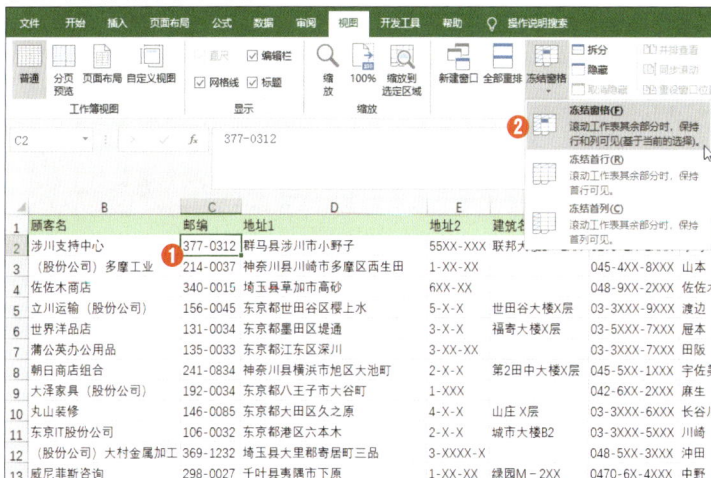

	B	C	D	E	建筑名
1	顾客名	邮编	地址1	地址2	
2	涉川支持中心	377-0312	群马县涉川市小野子	55XX-XXX	联邦大
3	（股份公司）多摩工业	214-0037	神奈川县川崎市多摩区西生田	1-XX-XX	
4	佐佐木商店	340-0015	埼玉县草加市高砂	6XX-XX	
5	立川运输（股份公司）	156-0045	东京都世田谷区樱上水	5-X-X	世田谷大楼X层
6	世界洋品店	131-0034	东京都墨田区堤通	3-X-X	福寄大楼X层
7	蒲公英办公用品	135-0033	东京都江东区深川	3-XX-XX	
8	朝日商社组合	241-0834	神奈川县横滨市旭区大池町	2-X-X	第2田中大楼X层
9	大泽家具（股份公司）	192-0034	东京都八王子市大谷町	1-XXX	
10	丸山装修	146-0085	东京都大田区久之原	4-X-X	山庄X层
11	东京IT股份公司	106-0032	东京都港区六本木	2-X-X	城市大楼B2
12	（股份公司）大村金属加工	369-1232	埼玉县大里郡寄居町三品	3-XXXX-X	
13	威尼菲斯咨询	298-0027	千叶县夷隅市下原	1-XX-XX	绿园M－2XX

左侧冻结B列，上方冻结第1行时选择C2单元格❶，然后选择［冻结窗格］选项❷。

如何发现重复数据？

▶▶▶ 重复数据标色突显。

　　客户主数据库中二次录入客户信息等出现数据重复时，最优先确认的项目就是姓名及拼音，其次就是地址及出生日期。Excel中发现及解决重复的方法分为几种，此处利用条件格式对重复数据标色突显。

　　下图中，以工作表内的所有单元格为对象，对重复数据标色。这样数据能够以列单位进行检查，还能标注许多颜色。标色过多难以识别时，对姓名及拼音实施范围选择之后操作即可。以下示例中，"佃敬之"与"村木理惠子"可能存在重复。

◎重复数据标色突显

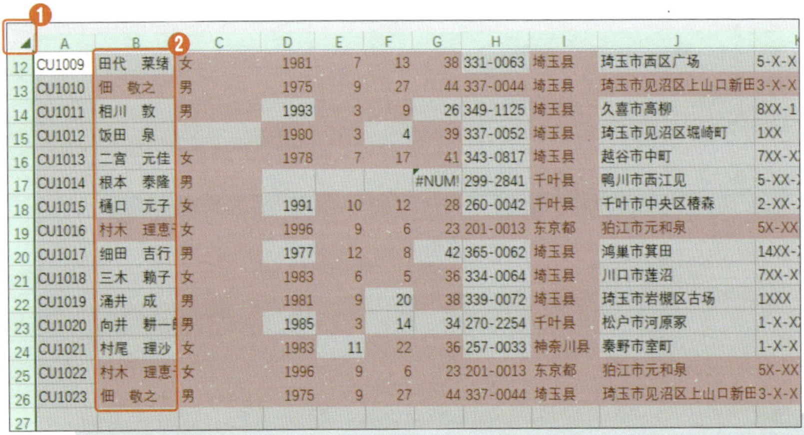

	A	B	C	D	E	F	G	H	I	J	K
12	CU1009	田代	菜绪	女	1981	7	13	38	331-0063	埼玉县	埼玉市西区广场	5-X-X
13	CU1010	佃	敬之	男	1975	9	27	44	337-0044	埼玉县	埼玉市见沼区上山口新田	3-X-X
14	CU1011	相川	敦	男	1993	3	9	26	349-1125	埼玉县	久喜市高柳	8XX-1
15	CU1012	饭田	泉		1980	3	4	39	337-0052	埼玉县	埼玉市见沼区堀崎町	1XX
16	CU1013	二宫	元佳	女	1978	5		41	343-0817	埼玉县	越谷市中町	7XX-X
17	CU1014	根本	泰隆	男			#NUM!	299-2841	千叶县	鸭川市西江见	5-XX-
18	CU1015	樋口	元子	女	1991	10	12	28	260-0042	千叶县	千叶市中央区椿森	2-XX-
19	CU1016	村木	理惠	女	1996	9	6	23	201-0013	东京都	狛江市元和泉	5X-XX
20	CU1017	细田	吉行	男	1977	12	8	42	365-0062	埼玉县	鸿巢市箕田	14XX-X
21	CU1018	三木	赖子	女	1983	6	5	36	334-0064	埼玉县	川口市莲沼	7XX-X
22	CU1019	涌井	成	男	1981	9	20	38	339-0072	埼玉县	埼玉市岩槻区古场	1XXX
23	CU1020	向井	耕一郎	男	1985	3	14	34	270-2254	千叶县	松户市河原冢	1-X-X
24	CU1021	村尾	理沙	女	1983	11	22	36	257-0033	神奈川县	秦野市室町	1-X-X
25	CU1022	村木	理惠	女	1996	9	6	23	201-0013	东京都	狛江市元和泉	5X-XX
26	CU1023	佃	敬之	男	1975	9	27	44	337-0044	埼玉县	埼玉市见沼区上山口新田	3-X-X
27												

单击选择所有单元格按钮❶，选择［开始］选项卡→［条件格式］→［突出显示单元格规则］→［重复值］。接着，在［重复值］对话框中单击［确定］按钮，对列单位中数据重复的单元格标色。最后，检查姓名或拼音的重复❷。

　　如果标色位置距离较远难以确认，也可通过筛选功能筛选已标色的数据。

◐通过颜色筛选重复数据

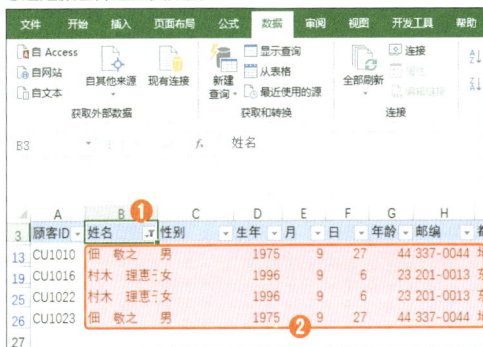

单击筛选按钮❶，选择［颜色筛选］中筛选的颜色，即可筛选标色的数据❷。由此，即可确认"佃敬之"与"村木理惠子"重复录入。
条件格式的解除方法参照第207页。

One Point

"重复删除值"功能无法确认重复

　　使用［数据］选项卡的［重复删除值］按钮，能够自动检查并删除重复的数据。这是一种方便的功能，从检查至删除均能自动实施，但是无法事先确认删除的数据，所以会在事后发现不应该删除的数据被删除。如果是上一页的表格，第13行和第19行保留，第25行和第26行删除。

One Point

重复但无法标色

　　有些数据重复但无法标色，可能是数据的录入方法存在问题，引起所谓的表述偏差。关于表述偏差的解除，参照第3章。

COLUMN 检查重复时使用函数还是条件格式？

　　使用COUNTIF函数进行查重是Excel相关书籍的必备内容，网站中也刊载许多这类内容。并且，最终需要通过筛选锁定，并由人类的眼睛进行确认。判断区分通过使用绝对参照的函数进行检查或通过调整格式检查，但擅长函数的人可以使用函数。而且，这两种检查方法的差异仅在于导出重复数据的途径。此处并未深层次考虑，而是采用能够机械式操作的条件格式。

如何高效输入数据？

▶▶▶要想高效地输入数据，可以通过**Tab**键移动单元格，或者选择范围之后通过**Enter**键移动。并且，可以事先设定单元格的输入规则及显示格式。

横向数据库中，每次输入数据时按下**Tab**键，就能移动至右侧的单元格。并且，如果以行单位选择输入行，则活动单元格在范围内移动，即使按下**Enter**键也能向右移动。如果是以数据输入为核心工作，改变单元格的移动方向也是一种方法（→第44页）。

▅▅ 依据输入规则自动切换输入模式

设定输入规则之后，则各数据项目无法切换英文输入的开启/关闭。首先，选择需要设定模式的单元格范围（数据库中选择整列更加方便）。设定规则前的数据不会违反规则，即使列标题包含在范围内也不会造成影响。选择列之后，单击［数据］选项卡的［数据验证］按钮，设定输入模式。

🔽输入规则：英文输入的设定

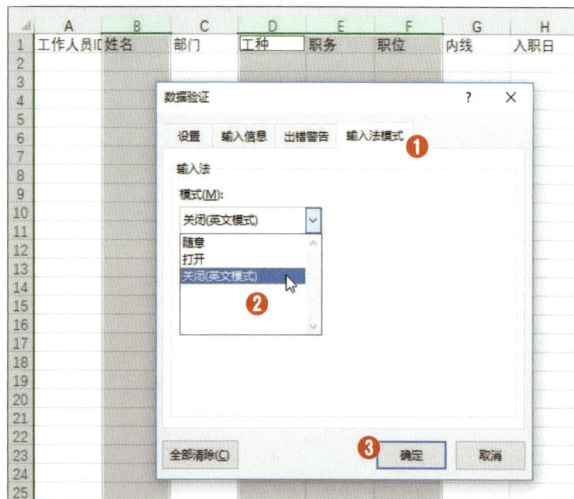

在［数据验证］对话框的［输入法模式］选项卡❶，从［模式］列表中选择［关闭（英文模式）］❷，单击［确定］按钮❸。关闭所选单元格的英文输入。

■ 通过设定输入规则自动限制输入

通过输入规则的设定，能够限制输入在单元格内的字数。如果用于位数既定的编号或邮政编码等，不会出现输入错误。下图中，在"员工编号"列中将字符长度设定为8个字符。

◉输入规则：字符长度设定

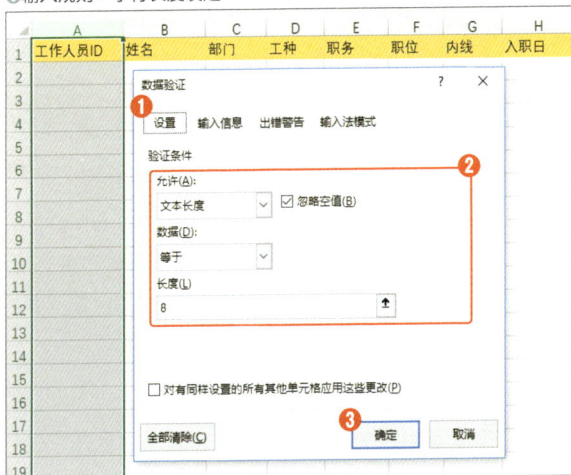

通过［数据验证］对话框的［设置］选项卡❶，将［允许］设定为［文本长度］，［数据］设定为［等于］，［长度］设定为8❷，并单击［确定］按钮❸。

进行上图的设置后，如果在单元格中输入的字符不是8个就会显示错误信息，提示输入的数值与单元格定义的数据验证限制不匹配。

在出错警告中，"样式"分为"停止"、"警告"、"信息"3个等级，通常设定为最强的"停止"状态。如果更改为"警告"或"信息"，则不符合条件的规则也能输入。但是，主数据库重视数据品质，建议设定时尽可能不要更改。放宽规则时，可以通过"数据验证"对话框切换至［出错警告］选项卡，在"标题"文本框中设置出错警告提示。

One Point 设定输入规则的时机

输入数据之前设定输入规则。即使对已输入数据的单元格设定输入规则，也不会违反规则，输入数据得以完整保留。

One Point

解除输入规则

need一…需要解除输入规则时，同样在选择单元格的设置范围之后打开"数据验证"对话框。勾选 [设置] 选项卡的"对有相同设置的所有其他单元格应用这些更改"，并单击"全部清除"按钮。

■ 按下 **Alt** + **↓** 组合键，在下拉列表中选择输入

按下 **Alt** + **↓** 组合键之后，同列中已输入的数据以下拉菜单形式显示，可从中选择输入。这种方法在重复输入部门名称、职种等多种模式的数据时，能够有效、准确地输入。

下图为通过下拉菜单输入部门的示例。此处，为了按下 **Enter** 键也能使单元格向右移动，选择一整行。

◉ 使用 **Alt** + **↓** 组合键进行的数据输入

▲	A	B	C	D	E	F	G
1	工作人员ID	姓名	部门	工种	职务	职位	内线
2	1989001P	宇都木　要	制造部	组装	装置组装	课长	3965
3	1990001P	持田　恭一	经理部	经理		部长	1221
4	1990002P	小松　知树	人事部	人事		部长	4301
5	1992001P	片冈　雄一		组装	单元配线	作业长	3826
6			经理部				
7			人事部				
8			制造部				

选中第5行，在A5、B5单元格中输入数据后，按下Enter键，光标移动至D列时按下 **Alt** + **↓** 键，D列已输入数据显示于下拉菜单中。按↓键在菜单内移动，通过 **Enter** 键确认选择。再次按下 **Enter** 键后移动至下一列，可继续输入数据。

One Point

员工主数据库的作用

员工主数据库除了员工名册的作用，还能用于人事考核、工资计算。统一区分员工的编号、入职及辞职信息、所属部门等基本项目。用于人事考核时，培训记录、赏罚记录、资质获取记录、成长路径等根据需要与员工编号关联进行管理。工资计算中，资质等级（公司内部员工的地位）、每月的考勤管理表等，与员工编号相关联进行统一管理。

输入由0开始的字符

Excel中，"0001"等仅由数字构成的数据视为可计算数值，在输入时Excel会省略前面的0而显示为1。需要显示为"0001"时，要在输入数据前将单元格的显示格式更改为［文本］。如果输入数据后更改显示格式，显示也不会改变。

◎0开始的字符在输入前设定数字格式为［文本］。

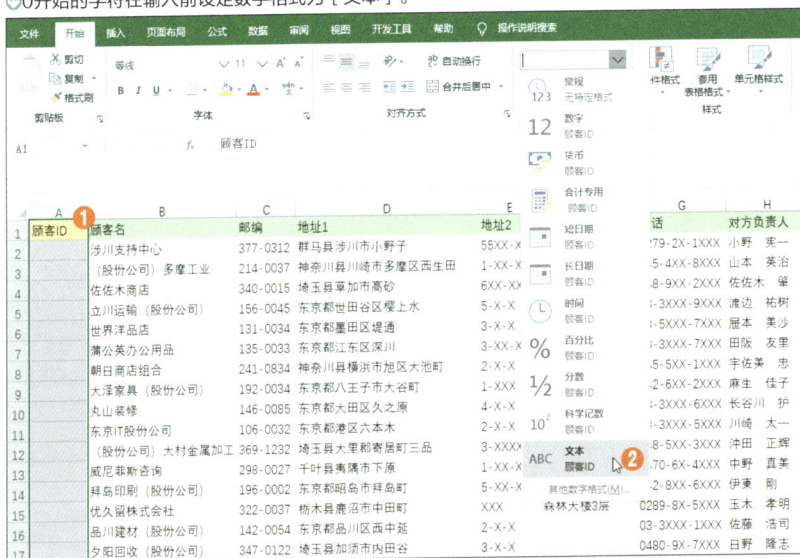

选择范围❶，从［开始］选项卡的［数字格式］下拉列表中选择［文本］❷。

设置单元格格式后再输入数据，即可输入以0开始的字符❸。单元格左上方显示的绿色三角符号可以忽略，也不会打印出来。此绿色三角符号为"错误指示器"，在单元格中发生错误时显示。在数字作为文本输入时也会显示。

如何高效注音?

▶▶▶拼音可通过PHONETIC函数提取注音，但需要修改。

输入姓名或地址的拼音时如果添加拼音，在单元格中很难看清拼音。此时可以使PHONETIC函数将拼音单独在一列中显示。但是，这种方法并不是万能的，PHONETIC函数就是“80分的效果”。PHONETIC函数是一种读取转换前读音信息的函数，正确读音则作为拼音使用。以下2种情况并非正确读音。

① 改变读法输入时，即读音不正确时
② 从网页或其他应用中复制粘贴等无读音的情况

主数据库的数据品质极为重要，使用PHONETIC函数后需要仔细检查及修改。下图将顾客名和地址的拼音汇总于一个单元格中。

汇总地址的注音

D2　=PHONETIC(B2:C2)

	B	C	D
1	顾客名	地址	拼音
2	涉川支持中心	群马县涉川市小野子	shèchuānzhīchízhōngxīnqúnmǎxiànshèchuānshìxiǎoyězǐ
3	（股份公司）多摩工业	神奈川县川崎市多摩区西生田	（gǔfèngōngsī）duōmógōngyèshénnàichuānxiànchuānqíshìduōmóqūxīshēngtián
4	佐佐木商店	埼玉县草加市高砂	zuǒzuǒmùshāngdiànqíyùxiàncǎojiāshìgāoshā
5	立川运输（股份公司）	东京都世田谷区樱上水	lìchuānyùnshū（gǔfèngōngsī）dōngjīngdōushìtiángǔqūyīngshàngshuǐ
6	世界洋品店	东京都墨田区堤通	shìjièyángpǐndiàndōngjīngdōumòtiánqūdītōng
7	蒲公英办公用品	东京都江东区深川	púgōngyīngbàngōngyòngpǐndōngjīngdōujiāngdōngqūshēnchuān
8	朝日商店组合	神奈川县横浜市旭区大池町	zhāorìshāngdiànzǔhéshénnàichuānxiànhéngbāngshìxùqūdàchídīng
9	大泽家具（股份公司）	东京都八王子市大谷町	dàzéjiājù（gǔfèngōngsī）dōngjīngdōubāwángzǐshìdàgǔdīng
10	丸山装修	东京都大田区久之原	wánshānzhuāngxiūdōngjīngdōudàtiánqūjiǔzhīyuán
11	东京IT股份公司	东京都港区六本木	dōngjīngITgǔfèngōngsīdōngjīngdōugǎngqūliùběnmù
12	（股份公司）大村金属加工	埼玉县大里郡寄居町三品	（gǔfèngōngsī）dàcūnjīnshǔjiāgōngqíyùxiàndàlǐjùnjìjūdīngsānpǐn
13	威尼菲斯咨询	千叶县夷隅市下原	wēinífēisīzīxúnqiānyèxiànyīyúshìxiàyuán
14	拜岛印刷（股份公司）	东京都昭岛市拜岛町	bàidǎoyìnshuā（gǔfèngōngsī）dōngjīngdōuzhāodǎoshìbàidǎodīng
15	优久留株式会社	栃木县鹿沼市中田町	yōujiǔliúzhūshìhuìshèlìmùxiànlùzhǎoshìzhōngtiándīng
16	品川建材（股份公司）	东京都品川区西中延	pǐnchuānjiàncái（gǔfèngōngsī）dōngjīngdōupǐnchuānqūxīzhōngyán
17	夕阳回收（股份公司）	埼玉县加须市内田谷	xīyánghuíshōu（gǔfèngōngsī）qíyùxiànjiāxūshìnèitiángǔ
18	樱花仓库（股份公司）	千叶县佐仓市大篠冢	yīnghuācāngkù（gǔfèngōngsī）qiānyèxiànzuǒcāngshìdàxiǎozhǒng
19	田村牙科诊所	埼玉县埼玉市大宫区吉敷町	tiáncūnyákēzhěnsuǒqíyùxiànqíyùshìdàgōngqūjífūdīng
20	筑波冲压工业（股份公司）	茨城县筑波市上河原崎	zhùbōchōngyāgōngyè（gǔfèngōngsī）cíchéngxiànzhùbōshìshànghéyuánqí
21	NN咨询	神奈川县横浜市金泽区釜利谷町	NNzīxúnshénnàichuānxiànhéngbāngshìjīnzéqūfǔlìgǔdīng

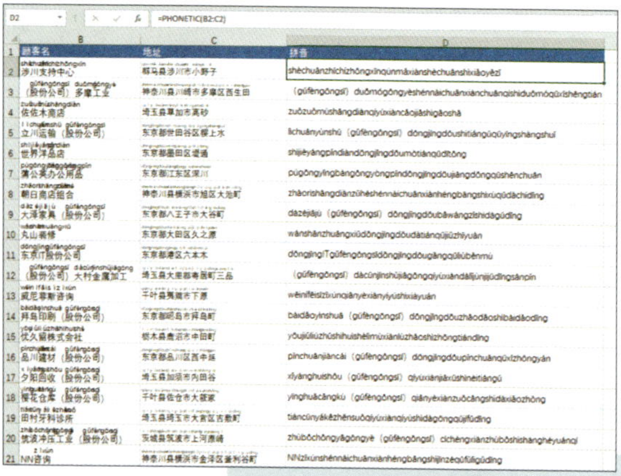

例如“=PHONETIC（B2:C2）”，对PHONETIC函数的引数指定单元格范围之后，就能从单元格范围内提取汉字的拼音。

PHONETIC函数 提取文本字符串的拼音

公　式　=PHONETIC（参照）

说　明　读取参照中指定单元格或单元格范围输入时的读音信息。

One Point

需要改变拼音字体时

常规拼音的对齐方式为［分散对齐］，用户可以通过［拼音设置］对话框更改对齐方式。选择需要更改拼音输入状态的范围，通过［开始］选项卡→［显示或隐藏拼音字段］的▼按钮选择［拼音设置］选项。

◎更改拼音的输入状态

在B列显示顾客名的拼音。选中该单元格区域❶，打开［拼音设置］对话框，在［设置］选项卡的［对齐］选项区域中设置为［居中］对齐❷。

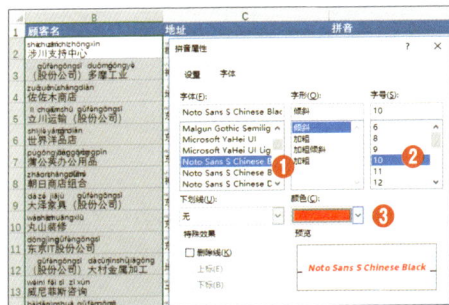

在［字体］选项卡中可以设置字体❶，字号❷以及颜色❸。选中的单元格区域中拼音也会进行相应改变。

如何防止主数据库信息泄漏？

▶▶▶ 为工作簿设置密码保护。

随着ICT（→第32页）的普及，信息管理的重要性逐渐提升，需要通过技术层面及运用层面进行管理。使用Excel编制的主数据库可以通过设置密码来保护工作簿，这就是技术层面的管理方法。对工作簿进行保护时，打开开始界面的［信息］面板，从［保护文档］菜单中选择［用密码进行加密］选项。

输入2次密码之后工作簿被保护，下次启动时必须输入密码才能打开。

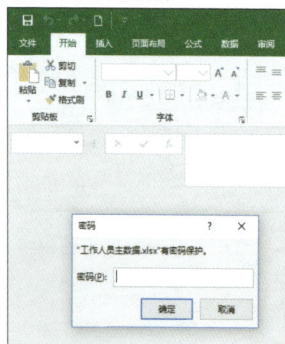

⊙ 设定密码保护工作簿

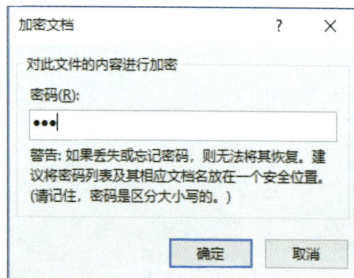

选择［用密码进行加密］选项之后显示左图的对话框。输入密码之后单击［确定］按钮，再次显示同样的画面，输入相同的密码。输入中的密码内容无法可视化，应正确输入。

⊙ 输入密码才能打开

下次启动该工作簿时，需输入密码才能显示画面，未输入正确密码则无法打开。

应用层面的信息管理至关重要

无论在技术层面采用任何防止信息泄露的对策，实施信息管理的主体是人类。如果无法通过运用层面实施管理，信息丢失、外泄等导致信息泄露的风险还是会提升。宣传信息泄露对公司造成损害等信息管理的重要性，或编制信息管理手册，实施运用层面的对策。此外，还需要定期考核规范遵守情况的机制。

当今社会，任何内容都可及时实现数据的电子化。但是数据的电子化提高日常业务效率的代价就是信息泄露风险也会相应升高，这一点必须清醒认识。

COLUMN 名称相同但内容不同的主数据库

各公司的主数据库名称各有不同。即便是客户主数据，根据客户是企业还是个人，内容也会有所差异。如果客户是个人，除了姓名及地址，还要汇总"出生日期"、"性别"、"家庭构成"、"可否推送广告"等信息。

员工主数据库根据职位不同，所管理数据各有不同。除了姓名、所属部门、入职日期等基本项目，驾驶员要注明驾驶执照的种类，化学工厂等需要有危险物品处理等资质信息，各种现场工作的员工还需要高空作业、安全卫生之类的培训记录等。如上所述，数据项目根据工作内容而发生变化。即使名称相同，如果工作不同，所管理数据项目也会产生变化。

同样，也有名称不同，但内容基本相同的情况。例如，客户主数据库与用户主数据库、员工主数据库与职员主数据库。

One Point 更改或解除密码

更改或解除密码同样先打开"加密文档"对话框，重新输入新的密码（需要输入2次）进行密码更改，或者删除密码来解除工作簿保护。

COLUMN 制作表格不能全凭Excel技巧！

Excel中包含许多方便的技巧，使任何表格都能达到整齐划一、合理汇总的效果。但是，原本对照工作内容修改表格就是提升生产效率的解决对策。如果正常编制完成表格，就不需要临时的Excel技巧。虽说如此，公司内部也有许多长年备受重用的表格，即便清楚需要改善之处，也难以提出有效对策。但是，试着逆向思考，如果通过Excel技巧处理，可能公司就不会发现这些表格存在问题。如果能把调整Excel表格的时间用在核心业务上，就能赞同上述说法。总而言之，制作表格不能全凭Excel技巧。

One Point

改变单元格的移动方向

通过［Excel选项］对话框，能够更改单元格移动方向的默认设置。操作方法是：从［文件］选项卡→［选项］中打开［Excel选项］对话框，单击［高级]。

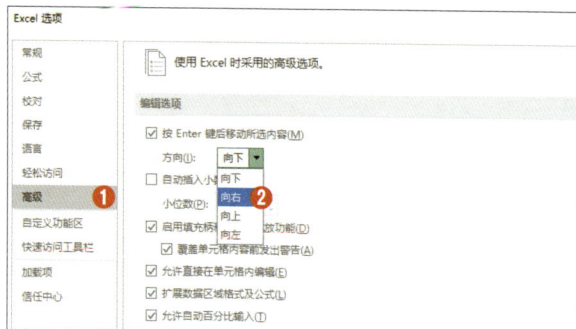

单击"高级"❶，单击"编辑选项"中的［方向］下拉按钮，从列表中选择方向❷，并单击"确定"按钮。

术语解说

ICT

ICT为Information and Communication Technology的首字母，是信息通信技术的统称。与IT（Information Technology）是同义词，最近大多称之为ICT。

第 3 章

及时派上用场的数据才有意义

工作数据的汇总量逐渐增多

　　日常工作中，时刻会出现与时间、地点、人员、事件等相关的情况。这些信息作为工作记录，汇总于数据库中。在本章中，列举日常工作中汇总的数据库。

投诉管理表

	A	B	C	D	F		处理类别	原	者
1	投诉No	接收日	订单编号	投诉类别	紧急度	现状			
2	TQ001	2016/9/22	520-86071	数量有误	高	处理中	补送	误发货	室 亚纪
3	TQ002	2016/9/22	043-21551	颜色有误	低	处理完成	退货	印刷痕迹?	亚纪
4	TQ003	2016/9/22	041-70761	尺码有误	高	处理中	换货	订单编号输入有误	山室 亚纪
5	TQ004	2016/9/22	043-96722	商品不符	中	处理中	换货	订单编号输入有误	山室 亚纪
6	TQ005	2016/9/22	043-78801	商品破损	高	处理中	换货	包装时的保养不足	山室 亚纪
7	T	2016/9/22	110-84244	交货延期	高	处理中	其它	运输公司发现家中无人后忘记投放通知信	泽村 由美
8	T	2016/9/22	520-88082	颜色有误	低	处理完		照片颜色	泽村 由美
9		2016/9/22	043-85161	其它	中	未处理		HP布局	泽村 由美
1						处理中			
						处理完			

> 表格?
> 数据库功能?
> ➡右下

> 不是表格就无法使用数据库功能?
> 已经做好的表怎么办?
> ➡P.54

> 历史记录是指过去的数据吗? 有什么用?
> ➡P.52

▶更多疑问及顾虑

· 工作中汇总的数据库与主数据库有何差异　　　　➡P.48
· 能够汇总的数据类型有哪些? 汇总项目是否无需考虑　➡P.49
· 需要掌握常用的表格使用方法　　　　　　　　➡P.56
· 没有信心能够合理、正确地输入　　　　　　　➡P.60
· 是否允许出现字符种类不匹配　　　　　　　　➡P.62
· 使用筛选，将完全相同的数据分为几组列表是不是Excel的漏洞➡P.65
· 大量数据难以分类汇总　　　　　　　　　　　➡P.67
· 多页打印时，第2页不显示表头，造成不便　　　➡P.71

▶▶其他工作中汇总的数据库

▶▶表格是什么?

Excel的表格是一种具备数据库功能的表格,此数据库功能可有效利用1件1行形式的数据库。数据库功能中,包括筛选、排序、替换和统计数据。此外,还能添加条纹使数据容易分辨。

工作中汇总的数据库
与主数据库有何不同?

▶▶▶ 主数据库是汇总基本信息的数据库,并不保留记录。

　　工作中汇总的数据库用于依次汇总时间、人员、事件及工作中发生的情况,这类数据称之为"事务数据",如下图所示。如果与同一客户多次交易,应将该客户相关数据汇总作为记录,工作中汇总的数据库也会多次出现同一客户。与此相对,主数据库就是通过客户ID统一限定客户基本信息的数据库。改变部分客户信息时,覆盖更新数据,且不保留记录。

◉ 主数据库及工作中汇总的数据库

● 客户主数据库

顾客ID	顾客名	所在地	更新日
0001	XX（株）	东京都港区	10/1
0002	YYY（株）	东京都三鹰市	10/5
0003	ZZZ（株）	埼玉县所泽市	10/1

更改就是直接覆盖更新。更改前及更改后的记录不保留。

● 销售明细数据库

日期	顾客ID	商品ID	数量
10/4	0001	bg-01	3
10/5	0003	bg-03	4
10/5	0001	st-03	10
10/9	0001	bg-03	5

工作过程中,按照时间顺序汇总信息。根据交易状况,同一客户多次汇总。并且,商品信息同样处理。

术语解说

事务数据

事物数据包括工作的处理、交易、会议记录等,记录日常工作情况的数据。工作过程中汇总数据,比主数据库更加灵活、流动。

能够汇总的数据类型有哪些？
汇总项目是否无需考虑？

▶▶▶ 汇总时间、人员、事件等5W1H相关数据。并且，决定项目确保信息无缺漏、重复。

进入公司之后，工作所需要使用的数据库已经存在，或许思考汇总项目的机会极少，但是，需要掌握公司汇总数据的思路。

依据5W1H的数据汇总/积累

在工作中涉及销售、企划、设计、制造及生产等各部门，工作内容各有不同，但是，各部门的数据库基本都能依据5W1H进行说明。

🕐各工作的5W1H示例

>销售部门

时间	人员	对象	事件	多少个	多少钱	期限
日期	客户ID	销售负责人	商品ID	数量	价格	交付期
10/8	C0001	山田	SY01	10	¥100	10/14

>生产部门

时间	人员	对象	事件	多少个	多少钱	期限
日期	设计负责人	生产负责人	产品编号	产量	生产成本	交付期
10/1	浅野	林	SS03	1	¥100000	11/18

各种工作中所用表单类项目的汇总/积累

工作中需要使用许多各种表单，如交付物品单据、申请单据等。根据工作需要，我们在各种表单中记述相关项目。如果能够理清表单的项目，就能清楚

术语解说

5W1H

5W1H就是防止信息缺漏、重复的框架工作。通常，包括时间（When）、地点（Where）、人物（Who）、事件（What）、原因（Why）和措施（How）。依据防止信息缺漏、重复的观点，灵活增加、更改项目。"我们公司是否显示详细数据？"如遇到这类问题，依据关联的思路显示ID及详细数据。关联参照第79页。

地掌握需要汇总什么数据。下图为交货单据的示例。

⊙从交货单据中掌握数据库的项目

	A	B	C	D	E	F	G	H
1		商品交货单					❶订货日期	2020年6月5日
2				❷			单据No	Noo16-11
3	未蓝文化有限公司		编号	(ID0009)			申请日期	2020年3月
4	联系人　张栋							
5								
6		以下是交货的具体商品明细						
7 ❸	商品ID	商品名			数量	单价	金额	摘要
8	WL5233	Excel 公式函数图表一本通			100	69.8	6,980	
9	WL5234	这样用图表			120	69.9	8,388	
10	WL5235	Word/Excel/PPT全能一本通			80	58.8	4,704	
11	WL5236	少儿编程			120	59.8	7,176	
12				数量统计	420	合计	27,248	
13								
14								

交货单据No、交货对象、交货商品、数量等项目名称为汇总数据的项目。其中，交货单据No为能够统一限定交货单据的编号❶，客户ID是能够限定交货对象的编号❷，商品ID是能够限定商品的编号❸。

One Point

工作中汇总数据ID较多

　　工作中汇总数据包含较多客户ID等编号，详细数据较少。例如，单据中的商品名称等具体名称并不汇总于事务数据型数据库中。因为如果知道ID，就能通过主数据获得对应的信息。并且，需要通过计算得到的销售金额等数据并不包含在内。未汇总详细数据部分，ID就很明显。由于未汇总详细数据，建议通过主数据库更新详细数据，方便维持数据的统一性。

　　以下内容为销售明细表的项目示例，ID较多。

⊙销售明细表的项目示例

基本项目	日期/时间　客户ID　商品ID　数量　价格　门店ID　销售人员ID
附带项目	销售金额等计算值　各ID的详细数据等

　　销售明细表中项目包括时间、人物、事件、数量、价格、地点、5W1H相关数据。

　　附带项目为连同详细数据一起显示时的项目，通过调查主数据库或计算就能获取，所以无需汇总附带项目。

One Point

仅汇总特定周期中重要数据库中的项目

入职管理表在新员工入职时频繁使用，入职活动结束的同时该表格使用频率减少。以特定周期为主使用的数据库中，将必须包括的项目放入横向表格中。入职管理表的项目示例如下所示。

⬇ 入职管理表的数据项目示例

基本项目	应聘人员ID 应聘人员姓名 联系方式 各种技能 之前的个人隐私数据
管理项目	各阶段的面试状况、入职测试的成绩

基本项目的应聘人员ID如果在前面加上"201704-"，表示2017年4月入职人员，这样更加容易管理。第47页的示例中，第1列至AA列给人效率低下的印象。但是，面试结果的确认及各种参考手册的发送可在短周期内进行许多次。此时，汇总成1个表更容易操作。

COLUMN 5W2H？6W公司内存在许多框架工作

5W1H中加入价格信息（How much）就是5W2H，加入人物（Whom）就是6W，从5W1H派生的框架工作有许多。而且，均为防止信息泄露、重复的框架工作。

框架工作是指对理论性整理事物进行思考及行动有帮助的基础工作。框架工作多种多样（→第72页），包括全职种通用的PDCA及QCD、企划及销售的4P及3C、设计及制造的ECRS及5S、公司历史中独立构建的方法等。框架工作并不只是适用于公司整体或部门整体的工作流程，还适用于为什么要做框架工作？或许有些人不受框架约束，坚持自己的方法。但是，仍然还会在合适的时机同工作伙伴沟通（PDCA的C及A），提供简洁易懂的建议（5W1H）或多方面建议（4P及3C等），不知不觉中就会利用框架工作。

记录就是历史数据，
有何用途？

▶▶▶历史数据就是宝藏，其作用包括发现异常值、商品分析、客户分析等。

工作中汇总的数据就是工作中发生的事情汇总而成的历史数据。预测今后需求或客户需求、寻找销售（畅销或不畅销）原因的数据分析，均需要使用历史数据。例如，处理投诉时，哪些投诉较多、发生投诉的原因等记录于投诉管理表中，反思及回复内容会被隐藏。

●通过投诉管理表探求改善的方向性

	C	D	E	F	G	H	I	J
1	订单编号	投诉类别	内容概要	紧急度	现状	处理类别	原因概要	处理者
2	520-86071	数量有误	下单了6个，却只送到了5个。	高	处理中	补送	误发货	山室 亚纪
4	041-70761	尺码有误	与订单的尺码不符。打算在3天后使用。	高	处理中	换货	订单编号输入有误	山室 亚纪
5	043-96722	商品不符	送到的商品与订单不一致。	中	处理中	换货	订单编号输入有误	山室 亚纪
12	110-84243	商品不符	送到的商品与订单不一致。	高	处理中	换货	误发货	山室 亚纪
13	035-25832	尺码有误	尺码与订单不符。	高	处理中	换货	误发货	山室 亚纪
14	520-81621	数量有误	只下单了3个，却送到了5个。	低	处理中	退回	误发货	渡边 美沙
15	520-50921	数量有误	送到的商品与订单不一致。	中	处理中	换货	误发货	渡边 美沙
18	043-85161	尺码有误	实物比想象中大	低	处理中	换货	对尺寸的描述方法	渡边 美沙
19	043-21541	商品不符	送到的商品与订单不一致。	高	处理中	换货	误发货	泽村 由美
20	035-45391	数量有误	只下单了4个，却送到了5个。	低	处理中	退回	误发货	泽村 由美

通过上表可知，商品错误、数量错误、尺寸错误的直接原因大多为出货错误（I列）。由此假设，出货错误的原因是否存在于分拣作业中呢？

One Point

投诉管理表中汇总的项目

投诉管理表中，汇总了时间（When）、地点（Where）、人物（Who）、事件（What）、原因（Why）和措施（How）等对应5W1H的内容。

此外，还汇总了投诉受理负责人、应对部门、应对负责人、投诉紧急性、投诉处理进展状况、处理天数等预防问题再次发生的对策信息，以及快速应对咨询的信息。

One Point

投诉管理表还需要报告文件

投诉管理表通过数据库进行管理并不充分，还需要包括防止问题再次发生对策等详细内容的报告文件。

🔹投诉处理报告的示例

▲	A	B	C	D
1		投诉管理报告书		
2				
3			汇报日期	2020年10月3日
4	对应部门	物流部	对应者	张栋
5				
6	投诉No	TQ001	投诉类别	数量有误
7	接收日	2020/9/22	处理者	山室 亚纪
8	订单编号	520-86071	现状	处理中
9	顾客ID	CU178	原因概要	误发货
10				
11	投诉内容详细			
12	下单了6个，却只送到了5个。主要原是是误发货			
13	于10天之内补送完成。			
14				
15	原因			
16	经调查发现由装货员A误看发货单，粗心大意			
17	导致的问题。			
18				
19	对应内容			
20	每单货物必须根据发货单检查一遍			
21	确认商品是否对应，数量是否一致以及商品特性			
22				
23	相关政策			
24	根据经常出的问题，提出相应的解决方案			
25	从2020年12月之后公司会专门部门负责相关事宜			
26				
27				
28	部门	☐物流部	☐企划部	☐管理部
29		☐运输部	☐财务部	☐销售部
30		☐生产部	☐人事部	
31				
32	回应期限			
33	保管部门	品质保证部		

客户管理No与数据库的投诉No关联，方便管理。并且，如果仅限编制报告文件，并没有实质意义，需要建立技术层面及运用层面的双方信息共享机制。文件共享相关内容参照第194页。

COLUMN 投诉管理表有助于服务补救

客户的投诉基于对服务不满而产生，换而言之，提供给客户的服务失败。投诉管理表中，汇总了有利于探究服务失败原因的数据。分析投诉管理表的数据，找出服务失败的原因，防止问题再次发生，就能重新获得客户的信任。此外，针对服务失败，重新获得客户信任的活动就是"服务补救"。防止问题再次发生的对策及信息共享就是服务补救的具体活动。如果补救奏效，不仅能够维持客户满意度，甚至还能提升客户满意度。

将数据库制作成表

▶▶▶ 数据库功能的技巧等能够提升方便性。

本节将对使用数据库时需要掌握的Excel功能进行说明，首先要介绍的就是工作表，主数据库、事务数据等1件1行的数据库中必须掌握这项功能。

1件1行的数据库形式的表格已经存在，可以轻松使用。如果是1件1行形式的表格，能够转换为工作表。即使不转换为工作表，也能使用数据库功能。但是，转换为工作表之后，方便性会提升。转换为工作表的优点如下所示：

① 使用方便：筛选、排序、统计功能等方便使用
② 读取方便：列标题始终显示、通过条纹方便读取数据
③ 理解方便：公式含义容易理解
④ 操作方便：通过公式输入及范围选择等方便操作

● 表格的使用方便性

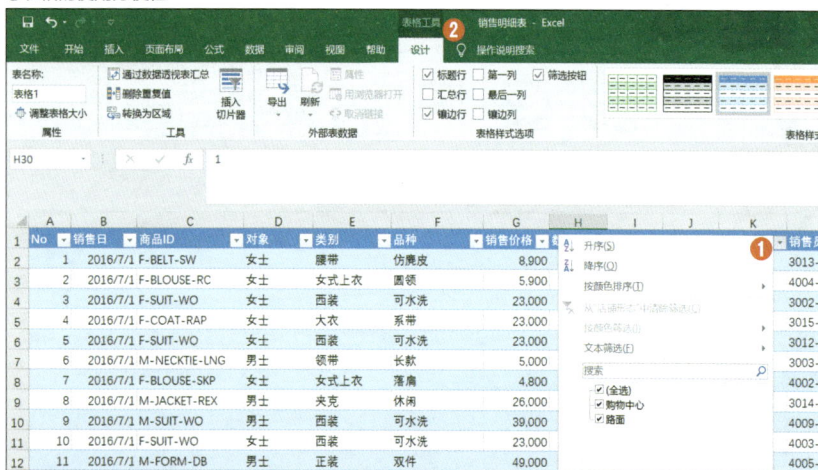

数据库功能汇总于单击各列标题右侧的▼筛选按钮之后显示的菜单❶或者 [表格工具]–[设计] 选项卡中❷。

表格的易读性

No	销售日	商品ID	对象	类别	品种
50	49	2016/7/1 F-BELT-MSH	女士	腰带	网眼
51	50	2016/7/1 F-BLOUSE-FL	女士	女式上衣	褶边
52	51	2016/7/1 M-FORM-SN	男士	正装	单件
53	52	2016/7/1 M-JACKET-SLM	男士	夹克	修身
54	53	2016/7/1 F-BLOUSE-SKP	女士	女式上衣	落肩
55	54	2016/7/1 M-JACKET-SLM	男士	夹克	修身
56	55	2016/7/1 F-CUTSEW-BAS	女士	缝织品	基础
57	56	2016/7/1 F-BELT-MSH	女士	腰带	网眼

滚动画面之后，列编号替换为列标题。条纹使数据方便读取，外观更显整齐。

工作表的理解方便性

H2   ·   ×   ✓   fx   =[@销售价格]*[@数量]

	F	G	H	I	J	K	L
1	品种	销售价格	数量	销售金额	店铺ID	店铺名	店铺形
2	仿麂皮	8,900	2	=[@销售价格]*[@数量]			路面
3	圆领	5,900	3		4004 涩谷		路面
4	可水洗	23,000	1		3002 前桥		路面
5	系带	23,000	1		3015 川崎B		购物中

通常，单击单元格编制公式之后，并不是参照单元格，通过列标题显示，公式的含义容易理解。

	品种	销售价格	数量	销售金额	店铺ID	店铺名	店铺形
1	品种	销售价格	数量	销售金额	店铺ID	店铺名	店铺形
2	仿麂皮	8,900	2	17,800	3013 藤泽		路面
3	圆领	5,900	3	17,700	4004 涩谷		路面
4	可水洗	23,000	1	23,000	3002 前桥		路面
5	系带	23,000	1	23,000	3015 川崎B		购物中

输入公式后，按下**Enter**键就能整列含有公式。所以，不需要手动复制填充公式。

工作表的操作方便性

	A	B	C	D	E	F
9999	9998	2016/7/31 M-SUIT-WO		男士	西装	可水洗
10000	9999	2016/7/31 F-FORM-TAL		女士	正装	定制
10001	10000	2016/7/31 M-NECKTIE-SLM		男士	领带	修身
10002	10001					
10003						

在工作表末尾的下方输入"10001"。此时，由于该单元格还不属于表格范围，列标题并不显示。按下**Tab**键之后，移动至下一列。

	No	销售日	商品ID	对象	类别	品种
9999	9998	2016/7/31 M-SUIT-WO		男士	西装	可水洗
10000	9999	2016/7/31 F-FORM-TAL		女士	正装	定制
10001	10000	2016/7/31 M-NECKTIE-SLM		男士	领带	修身
10002	10001					
10003						

此时已识别为表格范围，因此不用每次重新选择表格的数据范围。由于识别为表格，列编号显示为列标题。

掌握表格的使用方法

▶▶▶优先掌握数据的排序、替换、统计的使用方法。

工作表中应优先掌握数据的排序、替换、各种统计等数据库的3大功能。

将现存表格转换为工作表

要将现存1件1行形式的表格转换为工作表。首先，选择表格的范围，Excel也可自动识别表格范围。自动识别时，表格与表格以外的数据（例如，表格的标题及编制日期等）之间，需要加入1行、1列以上的空白。并且，在表格中间避免留下空白行或空白列。

🔽现存数据库形式的表格转换为工作表

选择表格内任意单元格，再通过［开始］选项卡的［套用表格样式］❶选择需要的样式，并通过"套用表格格式"对话框❷，确认工作表范围及"首行用于工作表标题"之后单击"确认"按钮。

筛选数据

转换为工作表之后，各列标题右侧显示筛选按钮▼。单击此按钮之后，即可明细显示该列不重复的数据。即便有几千或几万数据行，如果输入于列内的数据为3种，列表汇总为3种数据。列表汇总的数据称之为"项目"，在左侧显示复选框。通过勾选复选框，可筛选数据。

⊙筛选锁定数据

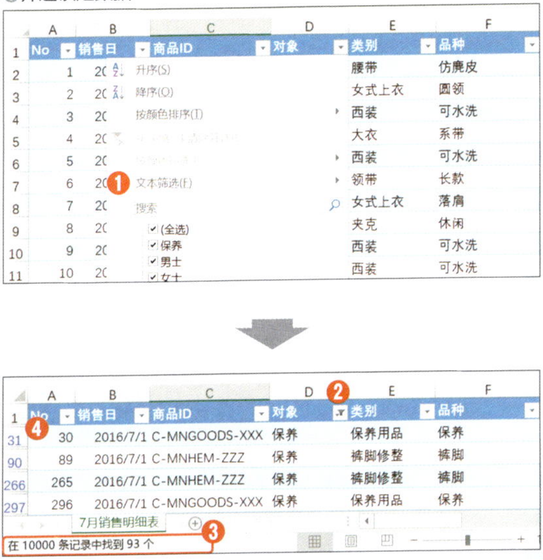

单击"对象"▼按钮。该数据为1
万行,"对象"的数据种类为3种。
仅勾选"维修"复选框,单击"确
认"按钮。此外,通过"文本筛
选"也能详细设定筛选方法❶。

已设定筛选的列筛选按钮的显示
改变❷,显示对应件数❸。并且,
"维修"以外的数据行不显示,
处于收起隐藏状态❹。

　　筛选是一种设定排序数据所需条件的操作。不仅用于勾选或取消勾选项目
复选框,还可设定详细条件。

　　上图的"文本筛选"的子菜单中,包括"等于"、"开头是"和"包含"
等。并且,列数据为数值时为"数字筛选",日期时为"日期筛选",可指定数
值范围或详细设定日期条件。

COLUMN **工作表禁止命令**

　　方便的工作表功能,但由于无法都能使用或不习惯使用等理由而禁止使用工
作表,也有工作表状态无法直接保存文件的公司。需要遵守公司规范,但使用工
作表功能之后,也可恢复为原先的常规表格(→第68页)。但是,条纹等设计保
留,因此需要恢复为常规表格时,建议尽可能选择简单的样式。

解除筛选

解除筛选时再次单击已设定筛选的列标题的筛选按钮，在列表中选择"从列标题中清除筛选"选项即可。多列设定筛选，统一解除时单击 [数据] 选项卡的"清除"按钮。

排序数据

排序数据之前，建议设置No栏之后加注序号。理由是Excel中没有恢复数据排序的功能。如果按照"升序"排列序号，就能恢复为原先的排序。

◉排序之后相同数据归类显示

	A	B	C	D	E	F	G	H	I	J
1	No	销售日	商品ID	对象	类别	品种	销售价格	数量	店铺ID	店铺名
9519	12	2016/7/1	F-KNIT-SWET	女士	针织衫	毛线上衣	8,000	1	3001	宇都宫
9520	99	2016/7/1	M-FORM-SN	男士	正装	单件	79,000	1	3001	宇都宫
9521	148	2016/7/1	M-SUIT-ALS	男士	西装	四季用	43,000	1	3001	宇都宫
9522	197	2016/7/1	F-BLOUSE-RC	女士	女式上衣	圆领	5,900	2	3001	宇都宫
9677	46	2016/7/1	F-SUIT-PM	女士	西装	高级	32,000	1	1001	札幌A
9678	110	2016/7/1	F-BELT-MSH	女士	腰带	网眼	7,500	2	1001	札幌A
9679	226	2016/7/1	F-SUIT-WO	女士	西装	可水洗	23,000	1	1001	札幌A
9680	305	2016/7/1	F-BELT-MSH	女士	腰带	网眼	7,500	3	1001	札幌A
9681	369	2016/7/1	M-SUIT-ACT	男士	西装	活动	59,000	1	1001	札幌A
9682	436	2016/7/2	M-FORM-SN	男士	正装	单件	79,000	1	1001	札幌A
9683	552	2016/7/2	F-SUIT-PM	女士	西装	高级	32,000	1	1001	札幌A
9684	635	2016/7/2	F-BELT-SW	女士	腰带	仿麂皮	8,900	2	1001	札幌A
9685	693	2016/7/3	F-SUIT-PM	女士	西装	高级	32,000	1	1001	札幌A
9686	762	2016/7/3	M-FORM-SN	男士	正装	单件	79,000	1	1001	札幌A

单击"店铺名称"的筛选按钮，选择"升序"选项之后按照相同店铺名称排序。即使排序，工作表也能自动更新条纹，设计不会混乱。如果恢复排序前的数据，按"No"为升序即可。

术语解说　升序及降序

通常，升序按照拼音顺序、英文字母A→Z顺序、数字顺序、日期顺序，降序与升序相反。如果是升序，排序中所含空白单元格最后排序。但是，汉字例外，汉字能够标注拼音时，按照读音排序；无法标注拼音时，按照ASCII排序。此外，汉字也可以按笔划排序。

统计数据

如果是工作表内的单元格，选择任意单元格之后即可显示"表格工具"-"设计"选项卡。此时注意，如果将活动单元格设置于工作表之外，该选项卡就会消失。勾选该选项卡的"汇总行"复选框之后，即可在工作表的最终行中添加汇总行。对各列进行统计时，可从下拉菜单中选择统计方法。其优点就是能够与筛选一起使用，通过筛选合并数据之后，汇总的数据为统计对象。

⊕ 可将筛选合并的数据作为统计对象

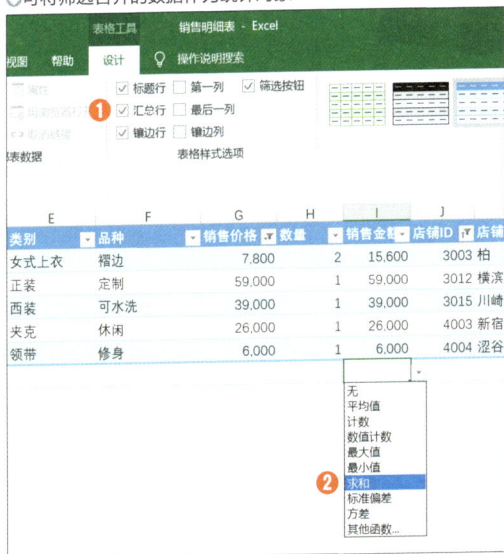

勾选［汇总行］复选框后❶，自动滚动画面，工作表末尾显示统计行。左图中，单击"销售金额"的汇总行下三角按钮，在下拉菜单中选择［求和］选项❷。收起下拉菜单之后，显示相应汇总方法的结果。取消统计时，取消［汇总行］复选框的勾选即可。

通过筛选从"类别"中选出"女式上衣"❸。此时，销售统计立即更新❹，可用于确认各种筛选条件下的金额变化。

没有信心能够正确地输入数据

▶▶▶利用数据输入规则，正确完成输入。

　　上述内容已说明在工作中汇总，但如有POS数据（→第64页）等自动汇总的情况，需要输入数据。此时，如未正确输入，则无法通过数据分析等功能获得正确结果。输入规则在第36页也有部分介绍，本节介绍工作表功能与输入规则的配合技巧。

养成从下拉菜单中选择数据的习惯

　　使用输入规则的"列表"，指定单元格范围内的数据就能显示为下拉菜单。此时，如果将指定单元格范围设定为工作表，则追加数据视为工作表，追加数据反映于下拉菜单中。

⏺将投诉类别的输入限制为列表内的数据

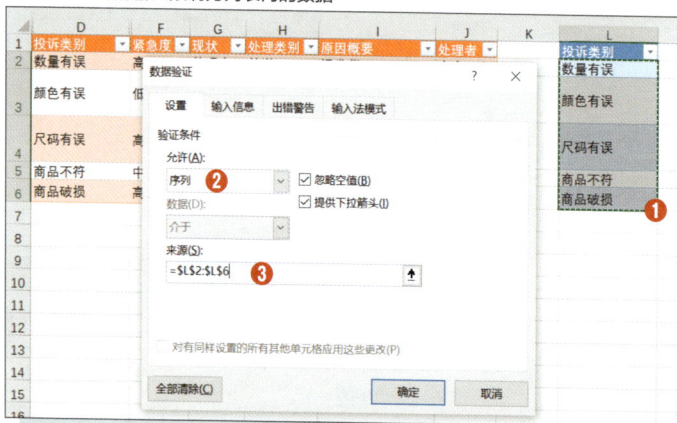

在与数据库隔开至少1列的位置制作数据列表，转换为工作表❶。通过"数据验证"对话框的"设置"选项卡将"允许"设定为"序列"❷，"来源"设置为工作表的数据列表范围❸。显示为绝对参考，直接单击"确定"按钮即可。

下拉菜单顺应数据列表的变更

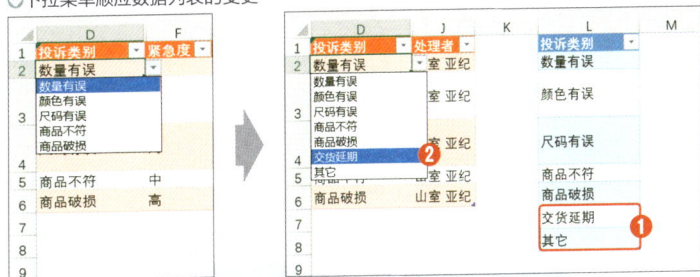

追加数据时❶，追加数据视为工作表，自动扩大范围，可反映于
下拉菜单中❷。所以，不需要变更输入规则的"来源"。

One Point

需要分开数据列表的工作表时设置名称

需要通过其他工作表管理设定为输入规则的"列表"的数据时，对已转换为工作表的数据列表设置名称。实际转换为工作表之后，即可附上工作表名称。也可另行设置名称。在"来源"文本框中设置"=名称"及重新设置的名称，即可通过其他工作表进行管理。

通过其他列表管理输入列表时对工作表设置名称

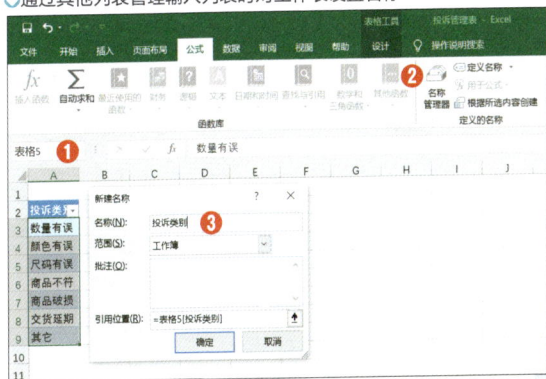

转换为工作表之后，即可附上"工作表（数字）"的名称❶。此外，对数据列表的范围设置名称。选择数据列表的范围，从［公式］选项卡的［名称管理器］❷中调出"新建名称"对话框❸，输入名称之后单击"确定"按钮。

是否允许出现字符种类
不匹配？

▶▶▶数据库不允许出现字符种类不匹配。

当输入"xiao zhang"等拼音时，或者任何人想到的意思均相同，或者有些人会思索是"小张"还是"小章"等。但是，Excel均识别为其他数据，即不匹配。单击各列的筛选按钮，即可确认不匹配。

▬ 提取不匹配之后重新正确输入

发现不匹配字符之后，仅勾选不匹配的项目，即可通过筛选锁定，接着，需要重新正确输入匹配内容。此处，为了有效修改，对提取的不匹配进行范围选择之后输入修改数据，并按下**Ctrl+Enter**组合键，最后，修改数据反映于不匹配的所有单元格中。

⊙通过各列的数据项目检查不匹配

左图中，"对象"包含错误的"女士~"，需要将右侧符号去掉，通过筛选锁定后，重新输入"女士"即可。

▬ 不匹配较多时通过函数修改

修改不匹配字符时，通过筛选限定之后重新输入较为简单。但是，感觉需要耗费时间时，可以通过函数进行处理。具有代表性的函数就是WIDECHAR函数及ASC函数，英文显示包括UPPER函数、LOWER函数、PROPER函数。

下图为通过WIDECHAR函数将"商品ID"统一为全角字符的示例。无论是否存在不匹配的字符，以"商品ID"列的所有单元格为对象统一为全角。

○通过WIDECHAR函数统一为全角字符。

	A	B	C	D	E
2					
3	No	销售日	列1	商品ID	对象
4	1	2016/7/1	=WIDECHAR(D4)		女士
5	2	2016/7/1		F-BLOUSE-RC	女士
6	3	2016/7/1		F-SUIT-WO	女士

插入函数列，转化为工作表，输入WI-DECHAR函数时显示为列标题，而不是单元格的引用。

	A	B	C	D	E
3	No	销售日	列1	商品ID	对象
4	1	2016/7/1	x	x	女士
5	2	2016/7/1	F－BLOUSE－RC	F-BLOUSE-RC	女士
6	3	2016/7/1	F－SUIT－WO	F-SUIT-WO	女士
7	4	2016/7/1	F－COAT－RAP	F-COAT-RAP	女士
8	5	2016/7/1	F－SUIT－WO	F-SUIT-WO	女士
9	6	2016/7/1	M－NECKTIE－LNG	M-NECKTIE-LNG	男士
10	7	2016/7/1	F－BLOUSE－SKP	F-BLOUSE-SKP	女士
11	8	2016/7/1	M－JACKET－REX	M-JACKET-REX	男士
12	9	2016/7/1	M－SUIT－WO	M-SUIT-WO	男士
13	10	2016/7/1	F－SUIT－WO	F-SUIT-WO	女士
14	11	2016/7/1	M－FORM－DB	M-FORM-DB	男士

按下**Enter**键确定之后，工作表列整体输入函数，统一为全角。

使用函数立即处理为数值

　　统一后通过复制粘贴数值，即可从函数转换为字符列。使用函数修改不匹配字符时的最关键点就是统一之后处理为数值。统一的字符列使用初始数据，只是显示执行后公式的结果。删除初始数据之后公式成立，出现"#REF！"报警（参照报警）。所以，应在统一之后立即处理为数值。

JIS函数/ASC函数	字符列设定为全角字符/字符列设定为半角字符
公　式	=JIS（字符列）/=ASC（字符列）
说　明	统一字符列的全角/半角。

UPPER函数	英文设定为大写
LOWER函数	英文设定为小写
PROPER函数	英文首字母设定为大写
公　式	=UPPER（字符列）/=LOWER（字符列）/=PROPER（字符列）
说　明	英文统一设定为大写/小写/首字母大写。

◑函数处理为数值

选择已输入函数的单元格区域❶，通过 **Ctrl+C** 组合键进行复制，接着通过 **Ctrl+V** 组合键粘贴于相同位置。
单击 [粘贴选项] 下三角按钮❷，选择 [值] 选项之后❸，由函数变为数值。
变为数值之后，删除初始数据（此处为 "分类"），"列1" 设定为 "分类"。

COLUMN　本公司数据依据输入规则防止不匹配

如需要修改不匹配字符，使用函数进行处理。但是，使用函数时，应注意会弄乱已经输入的初始数据。初始数据如未正确输入，可能导致表格不匹配。

公司汇总的数据如果事先设定输入规则，即可防止不匹配字符的现象。设定规则对现存数据无效，但为时不晚。首先，处理不匹配字符；接着，设定输入规则；之后的数据不准许违反规则，可防止不匹配。

COLUMN　利用工作中汇总的POS数据

POS数据中，记录着时间、商品种类、数量、价格等。与超市及便利店的收银机连网，库存的减少实时对应销售额，有利于灵活处理采购业务。并且，还能够实施数据分析。但是，POS数据仅为现货的实际数据。如果品种不齐全导致无法满足客户需求，无论怎样分析本公司的POS数据，也无法满足客户需求。这种情况下，获取外部POS数据与本公司的POS数据对比分析，就能发现畅销商品，选择符合客户需求的商品种类。

筛选时完全相同的数据制作成许多完全相同的列表是否为Excel的漏洞?

▶▶▶ 多余空格是其原因所在，应通过函数整理数据。

　　数据筛选或数据整理是指解决表述不统一等情况，使数据井然有序。半角/全角、大字体/小字体等混同就是表述不统一的代表事例，整理方法已在上一节有所说明。统一字体等也是数据整理方法之一，但有时会出现被整理成完全相同数据的情况。

　　原因就是存在多余空格，空格也会占用1个字符"空格字符"。"铃木"、"铃 木"、"铃　木"被识别为3种数据，分别是无空格、1个空格、2个空格。仅凭观察难以弄清空格的含义，需要通过TRIM函数进行处理。

⏺空格字符是一种看不见的表述不统一

"销售员"中显示4个"井口 正志"，看似完全一样。

　　输入TRIM函数，输入方法同WIDECHAR函数（→第63页）一样。单击已输入TRIM函数的列的筛选按钮，确认表述不统一是否解决。此时，文字之间的空格字符分为半角和全角时，JIS函数与ASC函数组合，统一全角和半角。筛选完成之后，通过函数处理为数值。

TRIM函数	删除字符前后多余空格
公　式	=TRIM（字符列）
说　明	=保留字符列之间1个空格，剩下的空格全删除。

◐通过TRIM函数删除多余的空格

店铺形态	销售员No	销售员	列1	雇佣形态
路面	3013-01	松永 雅之	=TRIM([@销售员])	
路面	4004-03	水岛 彩		A
路面	3002-01	小松 优菜		P
购物中心	3015-02	土井 正和		A
购物中心	3012-03	筱崎 智代		A
购物中心	3003-02	鹈泽 智树		P
购物中心	4002-01	野村 仁志		P
路面	3014-01	冈本 七海		P
路面	4009-02	横山 春树		A

插入一列作为函数的计算列，输入TRIM函数。图为转换为表，所以参数显示列标题名。

店铺名	店铺形态	销售员No	销售员	列1	雇佣形态
藤泽	升序(S)			松永 雅之	P
涩谷	降序(O)			水岛 彩	A
前桥	按颜色排序(T)			小松 优菜	P
川崎B	从"销售员"中清除筛选(C)			土井 正和	A
横滨B	按颜色筛选(I)			筱崎 智代	A
柏	文本筛选(F)			鹈泽 智树	P
品川	搜索			野村 仁志	P
川崎A	☑井口 正志			冈本 七海	P
立川	☑井口 正志			横山 春树	A
新宿	☑井上 麻帆 ☑菊池 朋子			桑田 爱梨	K

还有没有被修改的。原因是在姓和名之间有的是全角，有的是半角空格。

店铺形态	销售员No	销售员	列1	雇佣形态
路面	3013-01	松永 雅之	=WIDECHAR(TRIM([@销售员]))	
路面	4004-03	水岛 彩	水岛　彩	A
路面	3002-01	小松 优菜	小松　优菜	P
购物中心	3015-02	土井 正和	土井　正和	A
购物中心	3012-03	筱崎 智代	筱崎　智代	A
购物中心	3003-02	鹈泽 智树	鹈泽　智树	P
购物中心	4002-01	野村 仁志	野村　仁志	P
路面	3014-01	冈本 七海	冈本　七海	P
路面	4009-02	横山 春树	横山　春树	A

将WIDECHAR和TRIM函数组合在一起使用，全部转为全角再删除多余的空格。

One Point

尽可能控制使用空格键

使用键盘输入文字时，无意间按下空格键之后输入空格字符，导致表述不统一。输入文字后习惯按下空格键的人应注意。

大量数据无法实现分类统计

▶▶▶统一求取各分类的统计值时，统计功能方便实用。

　　如果组合使用表格的筛选按钮和统计行，则能够统计各列的数据项目。数据项目较多时，每次更改筛选较为繁琐。统计对象较多时，相比表格的统计行，使用函数或统计功能更为高效。例行会议等使用的会议资料，并按照既定格式求取统计值时，建议使用函数。

从各种角度确认各种统计值时方便使用的统计函数功能

　　使用统计功能时如下图所示，能够统一显示列内各数据项目的统计值，并自由操作合计值含义的显示或不显示。

○通过统计功能统计

1 2 3 4		D	E	F	G	H	I	J	K	L
	3	对象	类别	品种	销售价格	数量	销售金额	店铺ID	店铺名	店铺形态
+	2218	女士 汇总				2,960	56,544,200			
+	4030	男士 汇总				2,086	87,167,000			
+	4062	保养 汇总				31	111,560			
−	4063					5,077	143,822,760			购物中心
+	7337	女士 汇总				4,391	80,587,100			
+	9947	男士 汇总				3,009	121,050,400			
+	10010	保养 汇总				62	230,360			
	10011					7,462	201,867,860			路面 汇总
−	10012					12,539	345,690,620			总计
	10013									
	10014									

求取各对象的统计值，作为各店铺形态的统计值和店铺形态内涵。通过统计后左侧显示的"+"符号和"−"符号，能够切换数据显示或不显示。

通过统计函数功能求取统计值之前3项准备

　　使用统计功能之前，应做好3项准备工作。这3项准备工作与统计功能无关，均为操作数据库所需内容。

① 排序需要作为统计标准的列，按照相同数值汇总
② 统计功能在表格中无法使用，解除表格格式
③ 表格解除后，修改表格中输入的公式

在排序多个列之后，还可进一步统计各项目内涵。例如，能够求取各上门服务形态的销售合计及各统计对象的销售合计。

多个列排序时选择表格，并单击［数据］选项卡中［排序］按钮之后通过"排序"对话框进行设定。

⊙多个列排序

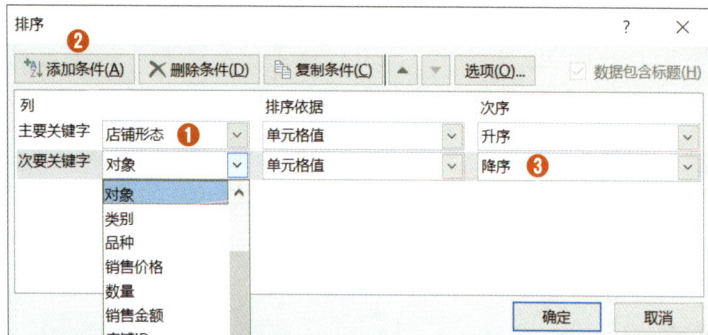

求取各对象统计值"店铺形态统计项目内涵"时，首先排序"店铺形态"❶。单击"添加条件"按钮之后增加设定栏❷，按照"对象"排序，"对象"设定为"降序"❸。

排序完成后，解除表格格式。统计功能在更改排序之后也可多次使用，但是镶边稍有不整齐。如果在意设计效果，在解除工作表之前取消勾选［设计］选项卡的［镶边行］复选框即可。第57页也有介绍，在禁止使用工作表的公司，可选择简洁的设计，避免留下工作表的设计痕迹。

单击［表格工具］—［设计］选项卡的［转换为区域］按钮。单击提示对话框中"是"按钮之后，解除表格并且设计继续保留。

最后，确认表格中输入的公式。解除表格之后，公式并未报警，公式的参数转换为单元格引用。但是，参考方法难以识别，所以需要修改。

⊙单元格中的公式确认单元格引用

转换为单元格引用的参考方法将列作为绝对参考，所以修改为相对参考。将I2单元格中公式修改为"=G2*H2"，通过［自动填充］向下填充公式。在镶边的状态下，通过［自动填充选项］列表中选择"不带格式填充"之后即可维持镶边。

求取第1次统计值

选择表格内部，再单击［数据］选项卡的［分类汇总］按钮。设分类字段和汇总项，单击"确定"按钮之后插入统计行，行编号相邻位置显示切换数据行显示/不显示的边框。

◐分类汇总对话框：以优先排序的列为标准。

求取各"店铺形态"的"销售额合计"时，"分类字段"选择"店铺形态" ❶，"汇总方式"选择"求和" ❷。由于需要统计销售额，勾选"销售金额" ❸。此时，"数量"也要勾选并单击"确定"按钮。

◐第1次统计结果

销售价格	数量	销售金额	店铺ID	店铺名	店铺形态	销售员No
4060	5,077	143,822,760			购物中心 汇总	
10005	7,462	201,867,860			路面 汇总	
10006	12,539	345,690,620			总计	

可求取第1次统计结果。单击行编号左侧的"2"之后❶，所有详细数据不显示，显示统计行❷。单击"+"之后显示详细数据，设定为不显示时单击"-"。

求取第2次统计值

对象统计值也要一起显示，作为店铺形态的内涵。依据第1次统计结果，单击［数据］选项卡的［分类汇总］按钮，再次调出"分类汇总"对话框。此处，以"对象"为标准进行统计。但是，增加第2次之后的统计值时，取消勾选"替换当前分类汇总"复选框。统计结果同第67页的图。

⏷第2次"分类汇总"对话框

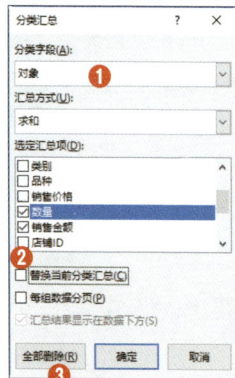

分类汇总	?	×

分类字段(A):

对象 ❶

汇总方式(U):

求和

选定汇总项(D):

☐ 类别
☐ 品种
☐ 销售价格
☑ 数量
☑ 销售金额
☐ 店铺ID

❷
☐ 替换当前分类汇总(C)
☐ 每组数据分页(P)
☑ 汇总结果显示在数据下方(S)

全部删除(R)	确定	取消
❸		

> 变更点以"分类字段"为"对象"❶，取消勾选"替换当前分类汇总"复选框❷。
> 取消统计功能时，单击"全部删除"按钮❸。

COLUMN ▶ 透视表虽然也能统计

　　除了通过统计功能进行统计外，还能通过透视表功能（→第75页）进行统计。此处，"到底选择统计功能还是透视表功能？"一般来说，给出的答案就是"根据状况区分使用"。其状况又是什么？通常并无详细说明。

　　统计功能必须通过页面左侧"+"或"－"区域。计算机画面较窄时，变得比狭窄画面更窄，难以操作。并且，使用统计功能时需要事先准备（→第67及68页），步骤也比透视表繁琐许多。但是，正因为事先准备，才能获得完整统计的实际感受及成就感。通过"+"和"－"即可开关统计区域的操作简单，容易理解。

　　透视表操作简单，能够瞬间完成统计。但是，正因为统计简单，无法看清统计过程，很多人无法对统计值产生成就感。

　　画面较窄时，特别是需要尽快获得统计值的情况下应选择透视表功能。但是，需要获得统计的实际感受及成就感的人适合选择统计功能。

多页打印时，第2页没有
打印标题行或标题列的问题

▶▶▶ 设定打印标题，始终能够打印。

在打印工作表时，由于数据过于庞大，横向内容无法打印在同一页面中。纵向数据过多时第2页之后不显示标题。此时可以通过"页面设置"功能解决以上问题。

◐ 通过设定打印标题打印出简洁易懂的资料

单击［页面布局］选项卡的"打印标题"按钮，通过单击行编号或鼠标拖曳选中需要打印的行设置"顶端标题行"。"从左侧重复的列数"也同样通过单击列编号来设置。

`COLUMN` 不吝啬纸张

下面涉及不擅长的内容，检查数据的输入情况时建议使用纸张。眼睛查看计算机画面，难免会出现遗漏。如果使用纸张检查，用尺子对照就能避免错漏。由于无纸时代，有人觉得这样是浪费纸张。但是，如果吝啬纸张，可能导致许多不必要的弥补工作。而且，正因为使用纸张，反而会更重视成本意识。

因此，大多使用纸张背面（正面用过的纸张）。但是，未拆掉订书钉的纸张卡入之后可能导致设备故障，从而增加维修成本。笔者在公司职员时代，前辈总是教导我们纸张一定要使用新的。当时正好处于泡沫经济时期，并没有认为这种说法是对的。事到如今，才坚信成本最低的方法就是使用新纸张。此外，在当今的信息化社会，从防止信息泄露的观点考虑，也尽可能不使用纸张背面。

容易弄错的商务语言

商务场合中，英文、日文等商务语言交替使用。此处，对容易弄错含义的商务语言进行介绍。

● **Morale和Moral**

Moral的意思是指"道德"，Morale的意思是指"士气"。"考虑提升公司员工Morale的措施"就是"考虑提升公司员工士气的措施"。发音相似的两个词，需要注意。但是，职场中如未出现道德问题，通常即认为是"Morale（士气）"的意思。

● **KY**

日常生活中提到KY，通常是指没眼力见。但是，公司中KY是指预知危险，可用于职场的安全卫生管理等。

术语解说　各种框架

介绍公司使用的框架。不仅在公司能够运用，还能应用于日常生活中。

PDCA	计划（Plan）→设计和执行（Do）→检查（Check）→处理（Action）的业务循环。无论做什么都要事先计划，并尝试之后检查结果，最后积累经验及今后处理。这就是构成商务活动根基的框架
QCD	质量（Quality）、成本（Cost）、交货期（Delivery）的首字母。是否满足质量要求？是否掌握成本？是否遵守交货期？从3方面观点考虑产品及服务的框架
4P / 3C	提供产品及服务时使用的框架。产品和价格（Product/Price）如何？渠道和宣传（Place/Promotion）如何？销售对象（Customer）、竞争关系（Company/Competitor）等如何？从各种角度分析如何有效推销
ECRS	取消（Eliminate）、合并（Combine）、调整顺序（Rearrange）、简化（Simplify）的首字母。有无多余业务？业务是否能够合并？顺序能否调整？业务是否能够简化？总而言之，是指有利于提升生产效率的框架
5S	整理、整顿、清扫、清洁、素养，简称为5S。不仅生产现场，所有职场均可运用，甚至能够在日常生活中得到运用。说到素养，容易给人大人培养孩子礼仪的印象。实际是指遵守既定的规范，并形成习惯化

第 **4** 章

表格连接和
数据分析

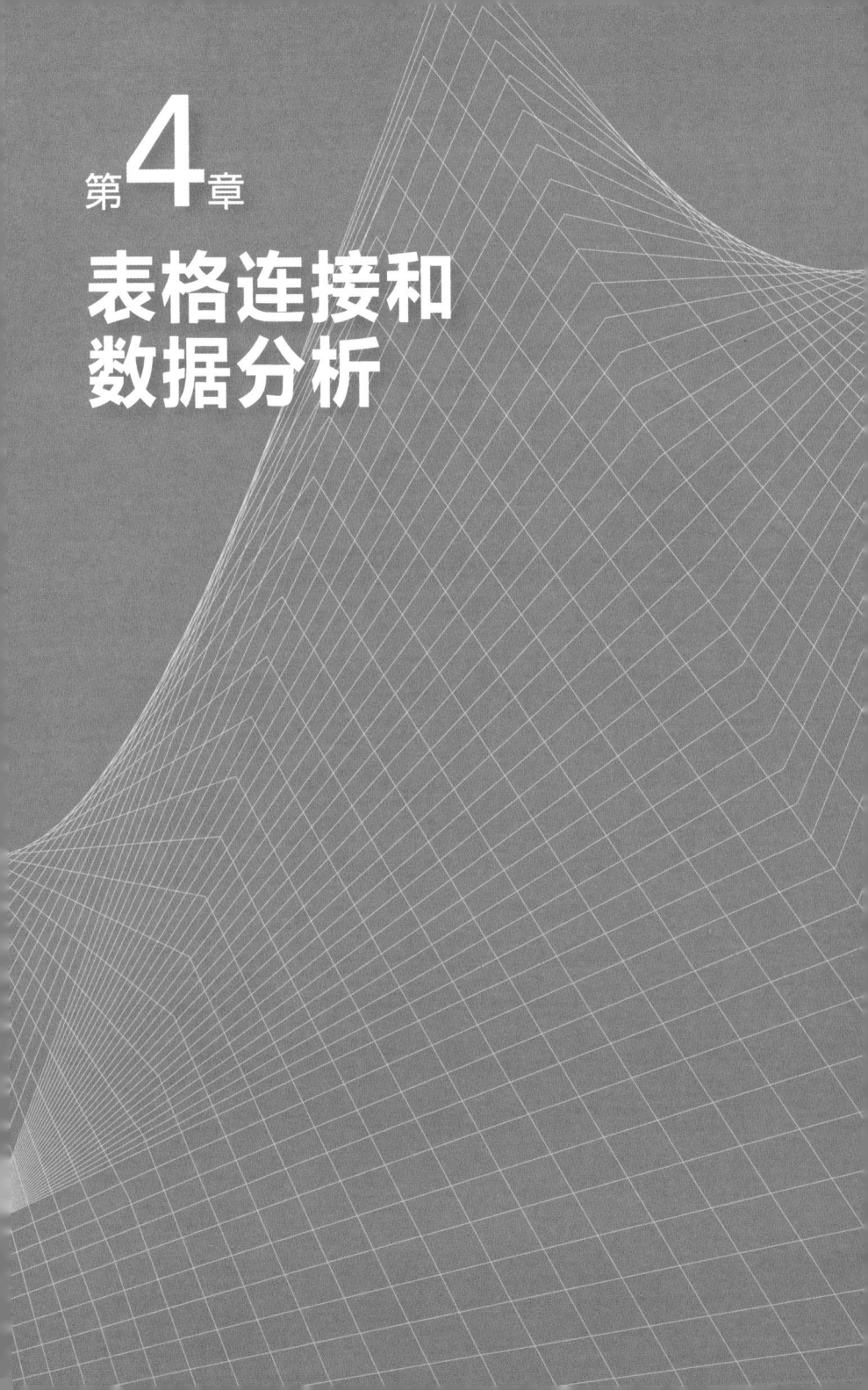

关联其他表格

在第2章和第3章中，对主数据及日常业务中积累的事务数据进行了说明。通过关联这些表格，能够扩大使用范围。本章中，着眼于表格关联使用的"表格管理"，介绍数据分析所需的透视表。

▶关联其他表格

● 汇总每天销售额明细的数据

● 管理商品及店铺的主数据

关联表格的作用是什么？
➡P.76

如何关联其他表格？
➡P.79

透视表是什么？
➡P.83

关联多个表格，制作各商品及各店铺的新统计表（透视表）。

▶更多疑问及顾虑

· 表格关联是否必要　　　　　　　　　　➡P.76
· 如何关联表格　　　　　　　　　　　　➡P.79
· 如何通过关联的表格制作新的统计表　　➡P.83
· 数据分析的基础是什么　　　　　　　　➡P.88
· 如何制作交叉统计表　　　　　　　　　➡P.90

▶其他表格关联的示例

● 公司员工获取资质相关信息的汇总数据　● 管理公司员工基本信息的主数据

员工ID	资格获得年月	资格ID	资格	资格津贴
S0030	上午12时00分	K04	社会保险劳务士	20,000
S0033	上午12时00分	K07	情报处理2级	10,000
S0037	上午12时00分	K05	初级系统管理	20,000
S0004	上午12时00分	K07	会计2级	5,000
S0027	上午12时00分	K07	情报处理2级	10,000
S0011	上午12时00分	K02	英检1级	15,000
S0019	上午12时00分	K03	代书士	30,000
S0016	上午12时00分	K01	商务实务	10,000
S0011	上午12时00分	K06	情报技术者	15,000
S0037	上午12时00分	K08	会计2级	10,000
S0007	上午12时00分	K03	代书士	30,000
S0007	上午12时00分	K02	英检1级	15,000
S0012	上午12时00分	K08	会计1级	10,000
S0004	上午12时00分	K08	会计1级	10,000

No	员工ID	姓名	生年月日	入职日	邮编	住址
1	S0001	仓 凉介	1964/4/4	1985/5/3	140-0014	东京都品川区大
2	S0002	石原 雄太郎	1978/6/3	1985/8/22	165-0022	东京都中野区江
3	S0003	竹内 佐和子	1954/8/24	1986/8/13	132-0024	东京都江户川区
4	S0004	木村 隆	1970/7/9	1986/8/30	116-0012	东京都荒川区东
5	S0005	铃木 奈奈	1963/4/12	1987/3/23	190-0013	东京都立川市富
6	S0006	黑田 太郎	1969/8/17	1987/2/4	120-0022	东京都足立区千
7	S0007	山本 敬也	1969/9/17	1987/2/11	185-0013	东京都国分寺市
8	S0008	今元 荣三	1965/1/22	1987/9/11	170-0012	东京都丰岛区上
9	S0009	饭田 玲子奈	1957/6/22	1987/12/24	164-0011	东京都中野区中
10	S0010	广濑 纯	1986/10/24	1988/4/21	170-0012	东京都丰岛区上
11	S0011	永川 美千代	1974/6/28	1988/7/16	125-0062	东京都葛饰区青
12	S0012	窒林 大辅	1965/5/25	1989/1/7	102-0093	东京都千代田区
13	S0013	市冈 素介	1958/12/7	1989/9/22	150-0022	东京都涩谷区惠
14	S0014	野间 义一	1981/10/22	1991/6/16	154-0021	东京都世田谷区

姓名		资格	总计 / 资格津贴
永川	美千代	英检1级	15,000
		情报技术者	15,000
久本	直美	情报处理2级	10,000
桑原	茂雄	初级系统管理	20,000
		会计2级	5,000
山本	敬也	英检1级	15,000
小野	翔子	商务实务	10,000
		代书士	30,000
		情报处理2级	10,000
森下	直己	商务实务	10,000
竹内	佐和子	英检1级	15,000
		代书士	30,000
藤田	久志	情报处理2级	10,000
窒林	大辅	会计1级	10,000

管理公司员工基本信息的"公司员工主数据"与基本信息以外的工资管理、人事评价、健康管理、获得资质等所有数据关联使用的可能性很大。

▶透视表功能

　　透视表功能是指通过基础表格制作各种形式统计表的功能。制作完成的统计表就是"透视表",可用于数据分析。

　　此透视表中具有关联各表格的"关联"功能(Excel 2013/2016)。

表格关联是否必要?

▶▶▶从多个表格中汇总业务所需数据。

　　公司内部存在各种表格。商品、客户、公司员工、资产等公司基本主数据，以及销售额、交付物、收入等业务相关事务数据。依据这些数据，可以制作账单，管理交付物或收入，还可分析数据、实施采购调整及销售活动。由此，日常业务的各种条件下需要使用数据。根据具体情况，所需表格有所差异。这种情况下，必须从各种表格中汇总所需数据。而且，这个过程在日常业务中按部就班地进行。但是，是否能够有效进行尚存疑问。

◑从许多表格中组合数据进行目标工作

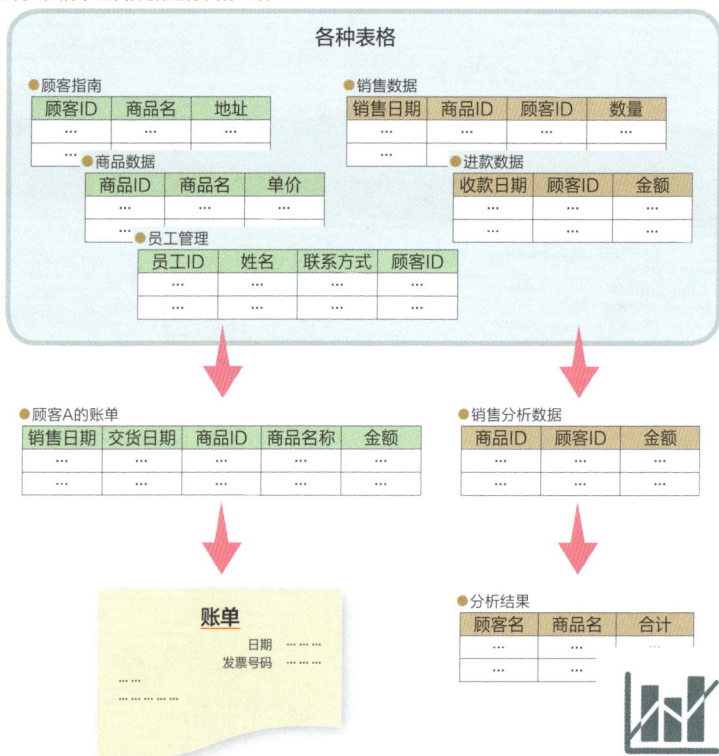

各种表格

●顾客指南

顾客ID	商品名	地址
…	…	…

●销售数据

销售日期	商品ID	顾客ID	数量
…	…	…	…
…	…	…	…

●商品数据

商品ID	商品名	单价
…	…	…

●进款数据

收款日期	顾客ID	金额
…	…	…

●员工管理

员工ID	姓名	联系方式	顾客ID
…	…	…	…
…	…	…	…

●顾客A的账单

销售日期	交货日期	商品ID	商品名称	金额
…	…	…	…	…
…	…	…	…	…

●销售分析数据

商品ID	顾客ID	金额
…	…	…
…	…	…

账单

日期　…………
发票号码　…………

……………
……………………

●分析结果

顾客名	商品名	合计
…	…	…
…	…	…

什么情况需要表格关联？

因公司、部门及具体业务等所使用的表格也会产生差异，无法具体准确定义。在表格中数据不充分，且所需数据能够输入其他表格的情况下，表格关联能够发挥作用。数据输入工作庞大，必须反复实施。

此外，主数据是与许多业务相关的基本数据，需要实施许多处理，可以说关联的必要性很高。以下内容，介绍几种需要数据关联的情况。

⊙需要管理表格

●员工主数据

员工ID	姓名	拼音	住所	…
S100100	中野礼司	ZHONGYE LISI	…	…
S100100	高桥诚吾	GAOQIAO CHENGWU	…	…

①我想做一张把员工按部门分类汇总的表，但是我不知道他们属于哪个部门。

＋

●员工变动数据

员工ID	部门ID	变动日期	顾客ID
S100100	B001	2015/4/1	…
S100100	B005	2016/7/20	…

②知道了部门ID却还是不知道部门名！

＋

●部门主数据

部门ID	部门名	拼音	顾客ID
B001	业务部	…	…
B005	总务部	…	…

③通过这张表终于知道了部门名！也就是说，我需要把这三张表关联起来！

复制粘贴所需数据进行统计是否可行？

Excel中包含安全关联各种表格的功能。但是，为了使用这种功能，应提前准备能够关联的表格（→第2章及第3章）。此时，为了图省事，经常复制粘贴所需数据。事实上，这样做反而会对工作造成不必要的麻烦。接下来，通过以下示例介绍存在哪些影响。

◯复制粘贴表格示例

从销售数据复制　　　　　　　　　　添加列并从客户数据复制

销售日期	商品ID	顾客ID	顾客公司	顾客地址
2020/6/1	A00123	K100-0012	未蓝文化	北京海淀区
2020/6/2	A00159	K101-0020	昊海科技	北京朝阳区
2020/6/3	A00195	K100-0013	谷雨集团	北京海淀区
2020/6/4	D00231	K101-0021	柠檬	北京朝阳区

依据销售数据，制作过去1年有过交易的客户明细。首先，复制销售数据，并制作附表。由此，客户名称与客户主数据关联（使用VLOOKUP函数→第121页）。

● 多余重复处理会导致生产效率降低

需要上述客户清单时，应实施销售数据复制、客户名称关联等重复操作。

● 数据不可信

销售数据复制之后，数据的可信度降低。可能未正确复制数据，也有可能复制的数据太旧。这类问题相当深刻，通常情况下难以注意到使用了旧数据，或者数据分析时导致错误分析结果。

● 处理需要时间

如果被复制部分使用函数，数据关联处理会对PC造成负担，甚至导致Excel运转缓慢。记录件数庞大时，可能会导致作业过程中Excel强制关闭。

● 表格增加会导致文件管理费时

作业时需要制作表格，文件管理费时。如果许多员工制作这种表格，服务器的保存空间会充满无用文件。

表格的安全关联方法

▶▶▶使用Excel的关联功能。

    Excel是专门用于制作表格及图表的软件，原本并没有关联表格的功能。但是，2013之后的版本增加了表格"关联"功能。"关联"是指以某个表格的某个项目为基准进行管理，并设定关系。

    以前，从多个表格中汇总数据时，只能利用函数或宏。但是，通过"关联"功能可轻松完成，不需要函数或宏等相关知识。

    使用关联功能时，应具备以下2个条件。

- Excel应使用2013之后版本
- 关联的表格应表单化（→第54页）

    此外，之前说过能够简单设定。但是，并不是简单操作即可，具体需要以下两个步骤。

① 对相关表单实施关联设定
② 通过透视表制作表格

    此处，对关联的设定方法进行说明。

关联需要共通项目

    完全没有关系的表格之间，当然无法关联。关联的表格中，分别需要含有相同数据的共通项目。也就是说，关联表格中具有相同数据。例如，下一页的示例中，将"销售数据"和"商品主数据"相互关联就是"商品ID"。通过这种共通数据，关联各种表格。换而言之，以"销售数据"为核心，使"商品主数据"和"店铺主数据"关联。

通过相同字段关联数据

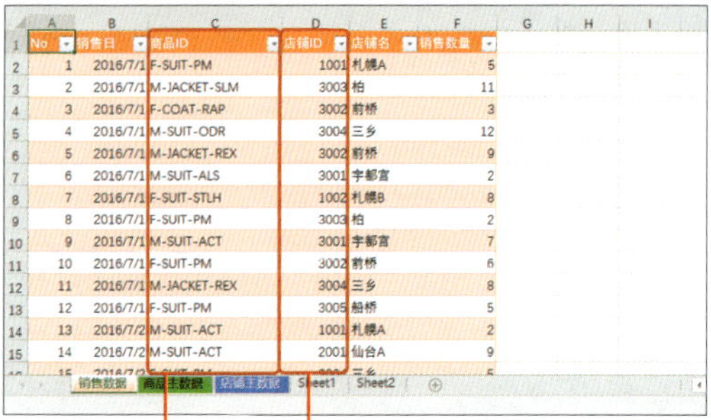

通过共通的项目（字段）
来完成"销售数据"和
"商品主数据"、"销售数
据"和"店铺主数据"的
关联。这样，三张表就可
以当做一张表使用了。

● 销售数据

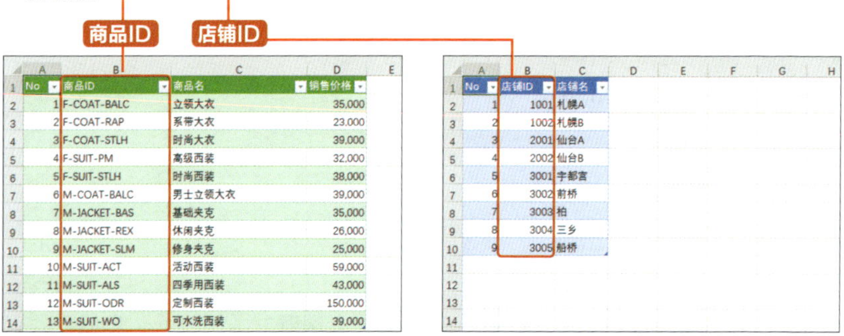

商品ID　　**店铺ID**

● 商品主数据

● 店铺主数据

　　考虑到使用方便，表格基本为1个工作表中1个表格。所以，关联的多个表
格通常位于不同工作表中。即使不同工作表，只要是在同一个工作簿中，按照
以下步骤就能轻易完成。

关系的设定

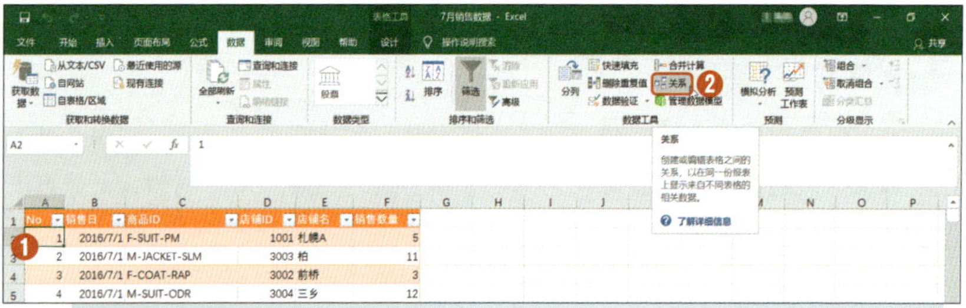

显示"销售数据"工作表，选择表格内的单元格❶。单击［数据］选项卡的［关系］按
钮❷。

弹出 [管理关系] 对话框，单击 [新建] 按钮 ❸ 。

在 [表] 下拉菜单中选择 [销售数据] ❹ ，在 [列（外来）] 下拉菜单中选择 [商品ID] ❺ 。在 [相关表] 下拉菜单中选择 [商品主数据] ❻ ，在 [相关列（主要）] 下拉菜单中选择 [商品ID] ❼ 。单击 [确定] 按钮后返回上一个界面。

在 [创建关系] 对话框里面，再次单击 [新建] 按钮。在 [表] 下拉菜单中选择 [销售数据] ❽ ，在 [列（外来）] 下拉菜单中选择 [店铺ID] ❾ 。在 [相关表] 下拉菜单中选择 [店铺主数据] ❿ ，在 [相关列（主要）] 下拉菜单中选择 [店铺ID] ⓫ 。单击 [确定] 按钮后返回上一个界面，然后单击 [关闭] 按钮。

One Point

关联区域必须使用相同的项目名吗？

　　项目名的不同不会影响 [关系] 的设置。然而，不一致的项目名可能会给使用者带来混乱。因此，在设置关联表格时，请使用一致的项目名。

怎样关联不同工作簿内的表格?

　　当表格存放在不同工作簿中时，无法直接为它们设置 [关系]。需要先为工作簿设置 [连接]。[连接] 可以将现在打开的工作簿与其它工作簿关联。若原工作簿内的数据发生变动，则被 [连接] 的工作簿内的数据也会随之更新。

◆连接不同的工作簿

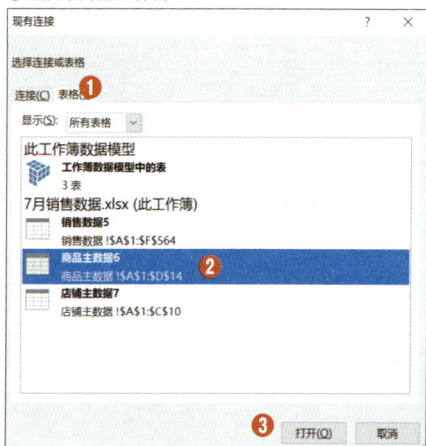

切换至 [表格] 选项卡❶，单击需要关联的表格名❷，单击 [打开] 按钮❸。之后再设置 [关系] 即可。

关联表格的数据统计

▶▶▶灵活利用数据透视表功能。

设置［关系］后表格也并不会有明显变化。如前文所言，我们需要利用数据透视表制作新的关联统计表。

数据透视表原本是用来统计表格数据的工具。无需函数公式，数据透视表可以在行列间自由进行各种各样的数据统计。关联表格则可以实现单独一个表格做不到的数据统计，还能为之后的数据分析提供基础。下文介绍数据透视表的特点。

数据透视表的特点

● 可以制作新统计表（数据透视表）

在和源表格不同的位置新建一个统计表（数据透视表），这样可以保留源表格的样式，方便以后使用。

● 可以自由变换统计表布局

通过鼠标拖曳即可轻松配置表格行列的项目。另外，统计表的布局也能够直接切换。根据需要，统计表可以切换不同的统计内容，比如从所有的统计数据瞬间切换到特定商品的统计数据。

● 可以与源表格相关联

数据透视表会和源表格相互关联。当源表格的内容发生改变时，数据透视表也会发生变化。

● 可以基于多个表格制成统计表

数据透视表可以基于已通过［关系］关联的多个表格制成。需要注意的是，如前所述，仅Excel 2013以后的版本可以使用［关系］功能。

利用数据透视表统计"销售数据"

"销售数据"工作表中记录着每日的销售情况，然而仅仅依靠这一个表格是分析不出卖得好的商品是哪一个或销售业绩好的店铺是哪一个的。为此，有必要依据商品分类或店铺分类进行数据统计。在此，要在统计每个商品销售额的同时，从之前关联的工作表［商品主数据］中找到商品名并将其显示出来。

制作数据透视表时，我们需要指定作为统计值的项目，以及行列分别代表的项目。每次操作，数据透视表的布局都会发生改变，我们应在反复确认中逐渐完成目标的表格。

⚙使用关联表格制作数据透视表

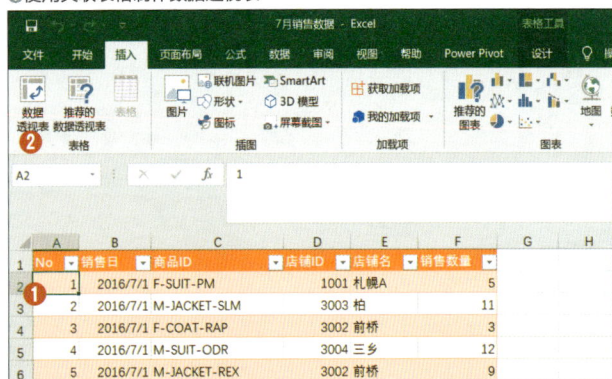

在作为数据源的［销售数据］表内选中单元格❶，单击［插入］选项卡下的［数据透视表］按钮❷。

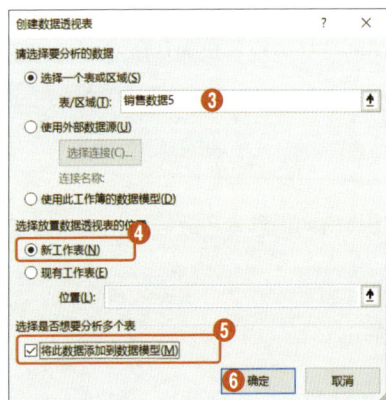

确认表格名称❸，选中［选择放置数据透视表的位置］区域中的［新工作表］单选按钮❹。勾选［将此数据添加到数据模型］复选框❺。单击［确定］按钮❻。

与平时创建数据透视表不同的步骤仅有选中［将此数据添加到数据模型］这一步。数据模型是指多个表格的组合，也可以想象为一个群组。

在数据透视表中，我们可以将源表格的项目（字段）通过鼠标拖曳放到［行］、［列］、［值］区域中制成统计表。

◎选择字段

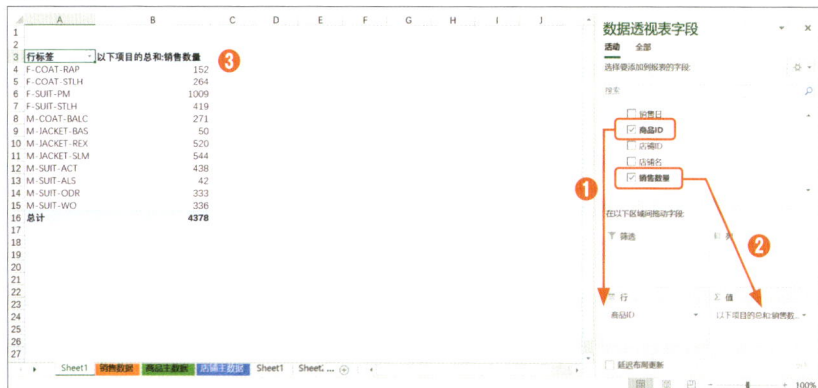

将［销售数据］中的［商品ID］字段拖曳至［行］区域❶，［销售数量］拖曳至［值］区域❷，之后数据透视表便会改变布局❸。

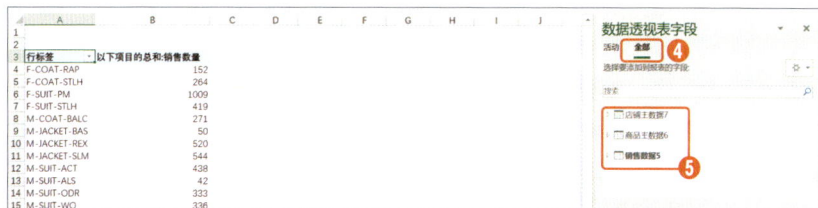

单击［数据透视表字段］下的［全部］按钮❹，便会显示所有设定过［连接］的表格名称❺。

	A	B	C	D	E	F	G	H	I	J
1										
2										
3	行标签	以下项目的总和:销售数量								
4	⊟F-COAT-RAP									
5	系带大衣	152								
6	⊟F-COAT-STL									
7	时尚大衣	264								
8	⊟F-SUIT-PM									
9	高级西装	1009								
10	⊟F-SUIT-STLH									
11	时尚西装	419								
12	⊟M-COAT-BALC									
13	男士立领大衣	271								
14	⊟M-JACKET-BAS									
15	基础夹克	50								
16	⊟M-JACKET-REX									
17	休闲夹克	520								
18	⊟M-JACKET-SLM									
19	修身夹克	544								
20	⊟M-SUIT-ACT									
21	活动西装	438								
22	⊟M-SUIT-ALS									
23	四季用西装	42								
24	⊟M-SUIT-ODR									
25	定制西装	333								
26	⊟M-SUIT-WO									
27	可水洗西装	336								

选择 [商品主数据] ⑥，展开其字段。将 [商品名] 拖曳至 [行] 区域，放在 [商品ID] 的下面⑦。与商品ID对应的商品名便会显示出来⑧。

One Point

如何取消设置好的字段

通过拖曳随时可以取消设置好的字段，而且数据透视表的布局也会随之改变。想要取消放置在 [行] 里的 [商品ID] 字段，只需将 [商品ID] 字段拖曳至 [行] 区域外。

将 [商品ID] 字段拖至 [行] 区域外。

One Point

如何改变数据透视表的布局？

　　［商品ID］和［商品名］字段已经设置在［行］区域中，数据透视表的显示形式也和这一设置一致。但我们也可以把数据透视表的布局变为［商品ID］和［商品名］平行显示，［设计］选项卡可以改变布局。［商品ID］处还显示了分类汇总，也可在［设计］选项卡取消显示。

⬜	A	B	C	D
1				
2				
3	**商品ID**	**商品名**	以下项目的总和:销售数量	
4	⊟F-COAT-RAP	系带大衣	152	
5	⊟F-COAT-STLH	时尚大衣	264	
6	⊟F-SUIT-PM	高级西装	1009	
7	⊟F-SUIT-STLH	时尚西装	419	
8	⊟M-COAT-BALC	男士立领大衣	271	
9	⊟M-JACKET-BAS	基础夹克	50	
10	⊟M-JACKET-REX	休闲夹克	520	
11	⊟M-JACKET-SLM	修身夹克	544	
12	⊟M-SUIT-ACT	活动西装	438	
13	⊟M-SUIT-ALS	四季用西装	42	
14	⊟M-SUIT-ODR	定制西装	333	
15	⊟M-SUIT-WO	可水洗西装	336	
16	总计		**4378**	
17				

选中数据透视表中的单元格，在［设计］选项卡下的［报表布局］列表中选择［以表格形式显示］选项❶。此时［商品名］会在［商品ID］的右侧显示。接着，在［设计］选项卡下的［分类汇总］列表中选择［不显示分类汇总］选项❷，所有分类汇总便会取消显示了。

对数据分析来说必需的是什么？

▶▶▶ 第一，确保数据的正确性。第二，熟知Excel的统计功能。

数据分析的要领是"使用正确的数据"。虽然这理所应当，但实际上数据的收集和积累过程不仅耗时，而且很容易发生错误。无论使用多么高级的技术，一旦数据错了，那数据分析就是没有意义的。

在本章，为了汇总工作所需的数据，我们对表格进行了关联，但这一操作的前提是保证表格内的数据正确。为此我们可能需要复习第2、3章的数据储存方法。比起毫无计划地囤积数据，制作一个为今后的表格关联和数据分析的数据库对我们来说尤为重要。

Excel的数据分析指的是什么？

一句"数据分析"听起来很简单，但单纯地对数值进行合计、平均、取平均值都属于把控数据的总体特征，从这一点上看它们都只算作数据分析的其中一种。另外，在对商品和顾客进行分析时，虽然ABC分析和RFM分析是被普遍采用的方法，但实际上人们只用操作数据的统计和提取。数据分析是指从统计好的数据中获取信息。Excel能做的是借助函数和数据透视表的数据统计，而不是数据分析。可是我们却经常看到"用Excel进行数据分析"或"Excel的分析功能"等关键词。之所以Excel和数据分析被捆绑在一起，是因为Excel在数据分析必需的数据统计方面表现得十分出色。

术语解说 ABC分析

ABC分析是针对公司经营战略的一种基本分析法，对商品订购、库存管理、销售管理等，它能够分析项目的优先级和重要性。比如，根据销售额，它可以依据畅销度将商品分为A类、B类、C类，便于管理商品。

术语解说 RFM分析

RFM分析是一种针对顾客的分析方法，能够通过分析顾客的Recency（最近购买日）、Frequency（购买频率）、Monetary（购买金额）来区分优质客户和不具备挽留价值的客户。

在数据溢出的今天,数据分析,即从眼花缭乱的数据中读取信息是职场人士的必备技能。然而实现这一切的前提是Excel的函数和数据透视表功能,不掌握它们也就无法完成数据分析。

数据可视化

说到数据可视化,我们首先想到的是图表。图表经常用于清晰呈现数据的统计和分析结果,也能用于数据确认。在分析含有大量数据的表格时,为了检查数据有没有错误(比如输入错误),将其制成图表就能看清数据有无异常。而且,利用图表可以总体把控数据,比如图表显示销售额不断上涨,那么我们马上就能开展分析上涨原因的工作。

在Excel的图表功能中,利用数据透视表制作图表的[数据透视图]功能,可以对数据透视表的关联和数据分析有帮助。

◉数据透视图

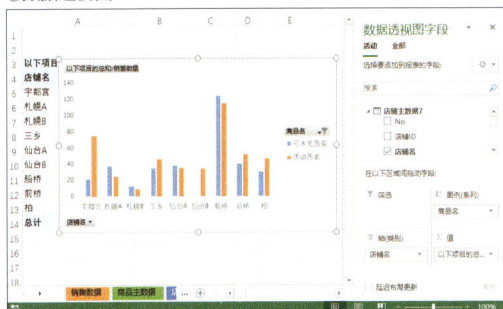

数据透视图是基于数据透视表制成的图表,单击图表内的字段也可提取数据。

数据分析的方法有哪些？

▶▶▶首先照着例子做一下数据统计吧。

　　本书的重点不在于数据分析，所以不会就其细讲，但还是简单介绍下利用数据透视表的基础分析方法。

　　如果分析的目的已经确定就很好办了。比如想要找到畅销商品然后调整商品采购时，只要统计所有商品的数据就能找到畅销商品。但是，也有些时候我们不知道该分析哪些数据。销售额呈下降趋势，而我们需要查明其原因时就是这种情况。这时候就要看看是不是有卖不出去的商品、业绩不好的店铺等等，需要从各个角度进行统计和分析。然而，对数据胡乱统计一通也不见得能找到答案。遵循数据分析的基本原理才是捷径。

用向下钻取法分析数据

　　在统计数据时要从整体到细节，逐渐向下挖掘。如果是商品总体的数据，就按照整体的销售额→商品分类的销售额→商品的销售额→不同颜色、尺码的销售额这样，从大分类开始再转移到小分类。

　　比如下面的例子，左图中只有"男装"和"女装"这样的大分类，而右图又增加了"类别"这样的小分类，这样就能看出不管男装女装都是"西装"卖得最好。如果再追加"颜色"、"尺码"等小分类，就又能了解到更细微的流行趋势。另外，反过来从小分类渐渐上升到大分类的分析方法则称为向上钻取法。

◑追加小分类是示例

	A	B	C
3	对象 ▼	求和项:销售价格	
4	男士	6558900	
5	女士	3805700	
6	总计	10364600	
7			
8			
9			
10			
11			

	A	B	C
3	对象 ▼	类别 ▼	求和项:销售价格
4	⊟男士	大衣	666000
5		西装	2523000
6	男士 汇总		3189000
7	⊟女士	大衣	581000
8		西装	1938000
9	女士 汇总		2519000
10	总计		5708000

■■ 用交叉统计表分析数据

为要统计的数据添加条件，简单可行的方法就是交叉统计表。将［商品名］和［店铺名］分别作为行列的项目，就能清楚地呈现二者之间的关联性。

◑以商品名和店铺名为条件的交叉统计表

	A	B	C	D	E	F	G
1							
2							
3	以下项目的总和:销售数量	店铺名 ⊤					
4	商品名 ▼	札幌A	札幌B	三乡	仙台A	仙台B	总计
5	可水洗西装	37	12	34	38		121
6	活动西装	25	9	46	35	34	149
7	基础夹克			4	11		3	18
8	休闲夹克	25	41	80	55	45	246
9	系带大衣	12	16	20	21	6	75
10	高级西装	75	50	148	93	89	455
11	修身夹克	64	26	70	27	12	199
12	男士立领大衣	9	15	33	34	3	94
13	定制西装	15	14	34	54	21	138
14	时尚西装		22	65	37	26	150
15	时尚大衣	29	16	22	8	13	88
16	总计	291	225	563	402	252	1733
17							

■■ 用分组方法分析数据

将数据按一定规则分组，再按组别统计和分析。比如顾客的年龄20-29岁为一组，30-39岁为一组，像这样按照年代分类做分组化的数据统计。对于日期，可以按年、季度、月、日分组统计。需要注意的是，设置了［连接］、数据源为多个表格的数据透视表无法使用分组功能。

◑按日期分组的例子

	A	B	C	D	E	F	G
1							
2							
3	行标签 ▼	求和项:销售价格					
4	2016/7/1 - 2016/7/7	5920000					
5	2016/7/8 - 2016/7/14	5436000					
6	2016/7/15 - 2016/7/21	5276000					
7	2016/7/22 - 2016/7/28	6004000					
8	2016/7/29 - 2016/8/1	1775000					
9	总计	24411000					

■■ 制作交叉统计表

交叉统计表是指将行列的项目进行交叉比对的统计表。在左侧列和上端行显示项目，表中显示行列项目条件交叉后的值。用这种表可以看出项目间的关联性。比如以［商品名］和［店铺名］为条件的交叉统计表，可以看出令不同商品畅销的特定店铺和地区。制作交叉统计表只需设置数据透视表行列的项目即可。

◉创建交叉统计表

商品名	字都宫	机铺A	机铺B	三乡	仙台A	仙台B	船桥	前桥	柏	总计
可水洗西装	21	37	12	34	38		124	40	30	336
活动西装	75	25	9	46	35	34	115	52	47	438
基础夹克			4	11		3		22	10	50
休闲夹克	43	25	41	80	55	45	130	58	43	520
系带大衣	22	12	16	20	21	6	14	41		152
高级西装	63	75	50	148	93	89	162	192	137	1009
四季用西装	2						24	15	1	42
修身夹克	58	64	26	70	27	12	165	68	54	544
男士大领大衣	70	9	15	33	34	3	77	13	17	271
定制西装	33	15	14	34	54	21	47	73	42	333
时尚西装	111		22	65	37	26	46	89	23	419
时尚大衣	22	29	16	22	8	13	60	43	51	264
总计	520	291	225	563	402	252	964	706	455	4378

将 [商品名] 字段放至 [行] 区域❶，[店铺名] 字段放至 [列] 区域❷，[销售数量] 字段放至 [值] 区域❸，以 [商品名] 和 [店铺名] 为条件的交叉统计表便完成了❹。

　　对于这个交叉统计表，我们还能将其显示的数据进一步缩小范围。

◉缩小数据范围

单击想要缩小数据范围的字段旁的下拉按钮 [▼]❶，勾选想要显示数据复选框❷，被选中的数据便会显示出来。

　　另外，若想为没有设置成 [行] 或 [列] 的项目缩小范围时，也要使用 [筛选] 功能。下面的例子中显示了 [销售日期] 的所有数据。

◎切换统计表内的数据

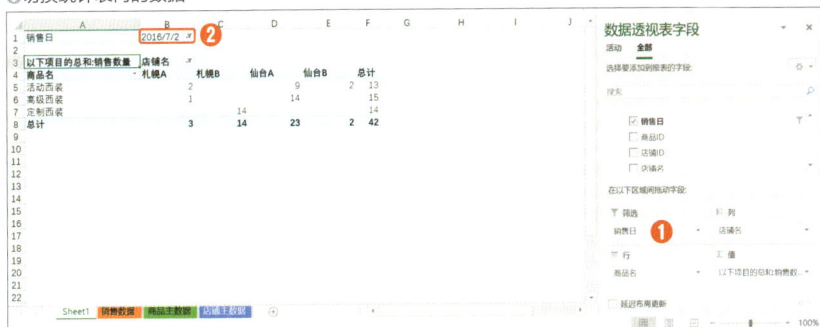

将想要切换的字段放到［筛选］区域❶，在数据透视表中显示的筛选按钮列表中选择相关数据❷。

One Point

数据透视表无法更新?

每个数据透视表都有作为其数据源的源表格。源表格内的数据发生改变，数据透视表中的数据却不会自动更新。想要更新数据透视表，需要手动单击［刷新］按钮。

若想更新数据，需要单击［数据透视表工具］－［分析］选项卡下的［刷新］按钮❶。

COLUMN　发挥数据透视表除统计以外的功能

　　数据透视表不仅有统计"销售数据"内的数值这种功能。数据透视表还有一个特点在于可以自由改变表格布局,形成新的表格。利用这一功能,可以根据用途的不同,将原先的表格改变成不同的样式。

　　以管理顾客信息的"顾客主数据"这一表格举例。要想以这张表作为数据源制作联络方式表,不需要用到顾客的等级、负责人等数据。在数据透视表中可以将不需要的项目摘掉,制成一张简明便利的表格。

将想要显示的字段放至 [行] 区域中,再通过 [设计] 选项卡下的 [报表布局]、[分类汇总] 来调整布局。

第 **5** 章

了解数据的
意义离不开统计

如何充分利用数据

　　每天在工作中产生的数据对开具发票和会计事务来说必不可少，但数据不仅仅是为了这些事才存储的。为了计划下一次的销售、下一次的预算等等，数据以多种统计方式被分析和利用。下面就来看看使用Excel时最常见的统计表的种类吧。

销售统计表

为了什么要做统计表呢？ ➡P.98

需要统计哪些内容呢？ ➡P.98

统计完之后做什么呢？ ➡P.107

No	销售日	商品名	销售价格	店铺名	销售数量
1	2016/7/1	高级西装	32,000	札幌A	5	160,000
2	2016/7/1	修身夹克	25,000	11	275,000
3	2016/7/1	系带大衣	23,000	前桥	3	69,000
4	2016/7/1	定制西装	150,000	三乡	12	1,800,000
5	2016/7/1	休闲西装	26,000	前桥	9	234,000
6	2016/7/1	四季用西装	43,000	宇都宫	2	86,000
7	2016/7/1	时尚西装	38,000	札幌B	8	304,000
8	2016/7/1	高级西装	32,000	柏	2	64,000
9	2016/7/1	活动西装	59,000	宇都宫	7	413,000
10	2016/7/1	高级西装	32,000	前桥	6	192,000

每日商品销售统计								
	2016/7/1	2016/7/2	2016/7/3	2016/7/4	2016/7/5	20		
级西装	576,000	1,888,000	1,056,000	832,000	800,000	1,184,00		8,928,000
身夹克	160,000	1,318,000	546,000	396,000	1,934,000	1,021,000	2,780,000	8,155,000
带大衣	160,000	1,053,000	0	0	0	0	0	1,213,000
定制西装	160,000	1,023,000	2,155,000	0	830,000	0	50,000	4,218,000
休闲夹克	464,000	0	2,117,000	1,408,000	150,000		125,000	4,264,000
四季用西装	160,000	0	0	0		190,000	50,000	400,000
时尚西装	368,000	118,000	1,810,000	607,000	4,087,000		2,790,000	9,780,000
高级西装	1,100,000	2,009,000	2,538,000	1,676,000	2,506,000	2,385,000	1,106,000	13,320,000
活动西装	480,000	1,552,000	2,475,000	685,000	636,000	375,000	76,000	6,279,000
高级西装	811,000	2,349,000	2,235,000	1,170,000	742,000	3,266,000	967,000	11,540,000
休闲夹克	160,000	359,000	617,000	414,000	472,000		525,000	2,547,000
高级西装	2,466,000	1,773,000	648,000	1,121,000	2,626,000	2,115,000	703,000	11,452,000

▶▶更多疑虑和担忧

▶更多种类的统计表

商品ID	商品名	第一季度	第二季度	第三季度	第四季度	销售金额
S3001	立领大衣	11,649,000	6,811,000	8,510,000	9,929,000	36,899,000
S3002	系带大衣	9,850,000	5,856,000	4,890,000	9,759,000	30,355,000
S3003	时尚大衣	6,393,000	6,853,000	6,845,000	2,376,000	22,467,000
S3004	高级西装	4,265,000	5,471,000	6,795,000	3,890,000	20,421,000
S3005	时尚西装	7,186,000	2,205,000	2,905,000	6,588,000	18,884,000
S3006	立领大衣	4,268,000	3,788,000	4,600,000	5,111,000	17,767,000
S3007	基础夹克	1,584,000	5,213,000	2,506,000	1,967,000	11,270,000
S3008	休闲夹克	1,850,000	2,087,000	591,000	5,737,000	10,265,000
S3009	修身夹克	3,090,000	2,775,000	1,013,000	1,466,000	8,344,000
合计		50,135,000	41,059,000	38,655,000	46,823,000	176,672,000

反映四个季度商品销售金额的统计表。按照时期添加数据可以看出数据随时间的变迁。

各店铺销售统计

店铺名	前年销售额	销售金额	构成比
船桥	¥39,809,000	¥39,805,000	99.99%
前桥	¥32,854,000	¥32,853,000	100.00%
宇都宫	¥23,180,000	¥23,176,000	99.98%
三乡	¥23,166,000	¥23,165,000	100.00%
柏	¥21,018,000	¥21,014,000	99.98%
仙台A	¥20,259,000	¥20,255,000	99.98%
札幌A	¥11,576,000	¥11,575,000	99.99%
仙台B	¥11,333,000	¥11,329,000	99.96%
札幌B	¥8,972,000	¥8,968,000	99.96%
合计	¥192,167,000	¥192,140,000	

按照店铺分别统计的销售统计表。不仅包含合计的销售金额，还加入了前年比和构成比做分析。

统计表会成为报告书的资料。在把统计表整理成报告时，用图表+统计表的形式可以更清楚地呈现想要展示的数值。

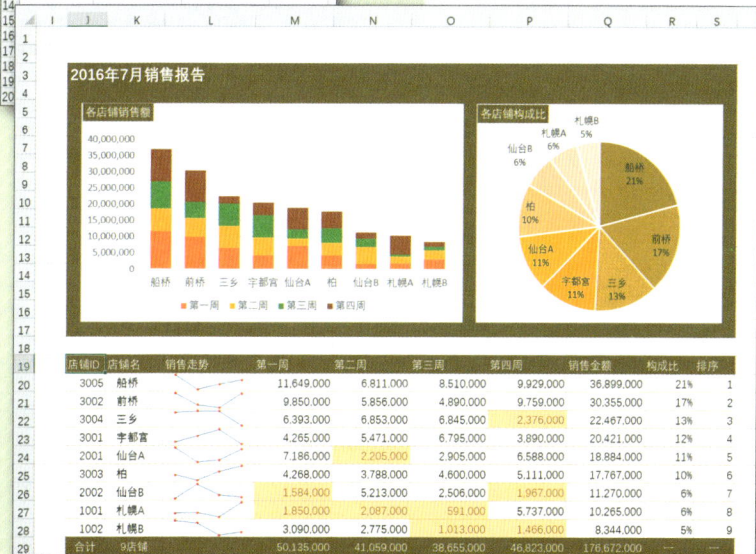

2016年7月销售报告

各店铺销售额

各店铺构成比

店铺ID	店铺名	销售走势	第一周	第二周	第三周	第四周	销售金额	构成比	排序
3005	船桥		11,649,000	6,811,000	8,510,000	9,929,000	36,899,000	21%	1
3002	前桥		9,850,000	5,856,000	4,890,000	9,759,000	30,355,000	17%	2
3004	三乡		6,393,000	6,853,000	6,845,000	2,376,000	22,467,000	13%	3
3001	宇都宫		4,265,000	5,471,000	6,795,000	3,890,000	20,421,000	12%	4
2001	仙台A		7,186,000	2,205,000	2,905,000	6,588,000	18,884,000	11%	5
3003	柏		4,268,000	3,788,000	4,600,000	5,111,000	17,767,000	10%	6
2002	仙台B		1,584,000	5,213,000	2,506,000	1,967,000	11,270,000	6%	7
1001	札幌A		1,850,000	2,087,000	591,000	5,737,000	10,265,000	6%	8
1002	札幌B		3,090,000	2,775,000	1,013,000	1,466,000	8,344,000	5%	9
合计	9店铺		50,135,000	41,059,000	38,655,000	46,823,000	176,672,000	—	—

▶统计表指的是什么？

统计表是指通过在行、列排布数值，使其清晰易懂的一种表，特别是根据目的将数值计算、处理后制成的表。这种表多为使用Excel函数后统计而成，因此需要掌握基本的函数知识（→P.106）。

在什么情况下统计是有必要的？

▶▶▶统计一定是带有目的的，请根据目的开展统计。

在工作中我们会处理多种多样的数据，但追根究底它们都是未经任何处理便被直接记录下来的数据，也就是原始数据。可是这种数据只是文字和数值的排列组合，并不会产生任何意义。为了在工作中能有效利用这些数据，有必要根据我们的工作目的对它们进行统计。尤其是数值类的数据，我们仅靠盯着罗列的数字也读不懂它们反映的总体情况。所以我们要做的第一步就是根据需要把数据汇总起来统计。

■ 目的是"报告"还是"分析"？

就算要统计同一份销售数据，根据目的的不同，统计方法、汇总方法都会出现差异。按照商品分类统计的销售金额适用于"报告"销售业绩。大家基本都会先把销售业绩汇总到一起，但要再把这变为"分析"，还需要我们借助其它视角看数据。比如，若想分析销售业绩的变化，就需要月、季度这样的时间分类。若想分析畅销商品，就要加入所有商品的构成比、排名等数据。反过来讲，看到一张表就应该能看出这张表的目的。

⬇用于报告的统计表

	A	B	C	D
1				
2	商品ID	商品名	销售金额	
3	S3001	立领大衣	36,899,000	
4	S3002	系带大衣	30,355,000	
5	S3003	时尚大衣	22,467,000	
6	S3004	高级西装	20,421,000	
7	S3005	时尚西装	18,884,000	
8	S3006	立领夹克	17,767,000	
9	S3007	基础夹克	11,270,000	
10	S3008	休闲夹克	10,265,000	
11	S3009	修身夹克	8,344,000	
12		合计	176,672,000	
13				

根据商品分类汇总了销售金额的统计表，可以展现所有商品的销售业绩。

术语解说

四季度

将一年度等分为四份三个月。当4月1日~第二年3月31日为一年度时，4月~6月被视为第一季度。有时用Q代表季度。

◎用于分析变化的统计表

	A	B	C	D	E	F	G	H
1								
2	商品ID	商品名	第一季度	第二季度	第三季度	第四季度	销售金额	
3	S3001	立领大衣	11,649,000	6,811,000	8,510,000	9,929,000	36,899,000	
4	S3002	系带大衣	9,850,000	5,856,000	4,890,000	9,759,000	30,355,000	
5	S3003	时尚大衣	6,393,000	6,853,000	6,845,000	2,376,000	22,467,000	
6	S3004	高级西装	4,265,000	5,471,000	6,795,000	3,890,000	20,421,000	
7	S3005	时尚西装	7,186,000	2,205,000	2,905,000	6,588,000	18,884,000	
8	S3006	立领大衣	4,268,000	3,788,000	4,600,000	5,111,000	17,767,000	
9	S3007	基础夹克	1,584,000	5,213,000	2,506,000	1,967,000	11,270,000	
10	S3008	休闲夹克	1,850,000	2,087,000	591,000	5,737,000	10,265,000	
11	S3009	修身夹克	3,090,000	2,775,000	1,013,000	1,466,000	8,344,000	
12	合计		50,135,000	41,059,000	38,655,000	46,823,000	176,672,000	
13								

根据商品分类、季度分类汇总了销售金额的表格，可以显示所有商品销售业绩的变化。

◎用于分析商品的统计表

	A	B	C	D	E
1					
2	商品ID	商品名	2016年度销售金额	构成比	
3	S3001	立领大衣	36,899,000	21%	
4	S3002	系带大衣	30,355,000	17%	
5	S3003	时尚大衣	22,467,000	13%	
6	S3004	高级西装	20,421,000	12%	
7	S3005	时尚西装	18,884,000	11%	
8	S3006	立领大衣	17,767,000	10%	
9	S3007	基础夹克	11,270,000	6%	
10	S3008	休闲夹克	10,265,000	6%	
11	S3009	修身夹克	8,344,000	5%	
12	合计		176,672,000		
13					

可以看到不同商品在上一年度销售业绩占比的表格。从这张表格可以分析出畅销商品。

COLUMN "统计表"与"明细表"的不同

用Excel制作的表格种类繁多，下面介绍"统计表"和"明细表"的区别。"明细表"是一行为一条记录的表格。一行一条记录的同时，每列都是相同类别的数据。虽然"统计表"乍一看也是这样，但"统计表"里还包含着"分类汇总"行和"汇总"行，算不上一行一条记录，而且同一列也不一定都是相同类别的数据。

理解两种表格的区别对于操作Excel十分重要。表格不同，要使用的功能也不同。关于表格的知识请回顾第3~4章。本章主要讲解含有汇总行"统计表"的相关知识。

▬ 如何准备用于统计的数据?

首先我们应该为需要统计的数据做一份副本。若数据由Excel管理，简单的做法是复制数据文件夹（数据簿），然后在副本文件夹中制作统计表。

⬇统计所需的表要在复制后再使用

	A	B	C	D	E	F	G	H	I
1	No	销售日	商品ID	商品名	销售价格	店铺ID	店铺名	销售数量	销售金
29	29	2016/7/2	M-JACKET-SLM	修身夹克	25000	3001	宇都宫	14	350000
58	59	2016/7/3	M-JACKET-SLM	修身夹克	25000	3001	宇都宫	6	150000
140	142	2016/7/8	M-JACKET-REX	休闲夹克	26000	3001	宇都宫	15	390000
187	192	2016/7/10	M-JACKET-SLM	修身夹克	25000	3001	宇都宫	2	50000
380	394	2016/7/21	M-JACKET-SLM	修身夹克	25000	3001	宇都宫	7	175000
426	442	2016/7/24	M-JACKET-REX	休闲夹克	26000	3001	宇都宫	9	234000
433	449	2016/7/24	M-JACKET-SLM	修身夹克	25000	3001	宇都宫	7	175000
475	495	2016/7/26	M-JACKET-REX	休闲夹克	26000	3001	宇都宫	4	104000
499	520	2016/7/27	M-JACKET-REX	休闲夹克	26000	3001	宇都宫	15	390000
508	529	2016/7/28	M-JACKET-SLM	修身夹克	25000	3001	宇都宫	9	225000
560	588	2016/7/31	M-JACKET-SLM	修身夹克	25000	3001	宇都宫	13	325000
565									

要统计特定数据时，先用［筛选］功能筛选出需要的数据，再复制粘贴到其它工作表。

One Point

筛选出部分相同的数据

要选出分布在同一列上的相似商品名等数据时，单击筛选按钮，使用菜单中的［文本筛选］功能。

⬇设置文本筛选的［自定义自动筛选方式］

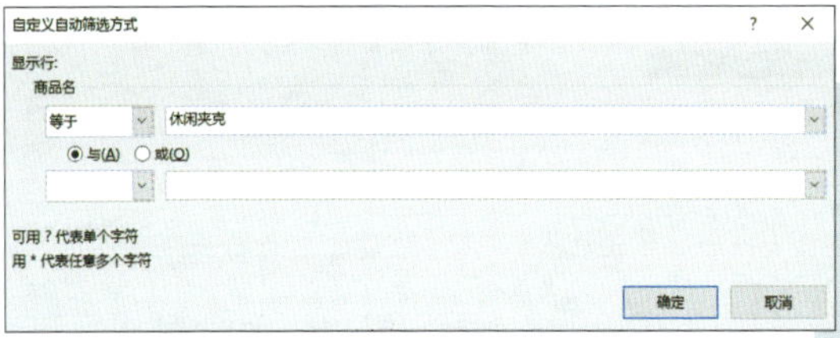
自定义自动筛选方式
?
×
显示行:
商品名
等于
休闲夹克
与(A)
或(O)
可用 ? 代表单个字符
用 * 代表任意多个字符
确定
取消

从［商品名］的筛选按钮下选择［文本筛选］→［等于］选项。输入［休闲夹克］，单击［确定］按钮，［休闲夹克］的商品名就会被筛选出来。

COLUMN　准备数据时要遵守公司规则

一般而言，销售数据和支出数据等数据是不面向所有人自由使用的。在Excel以外的地方管理的数据一般只有管理者有权使用。公司有其使用数据的规则，请务必遵守。

销售统计表是什么？

▶▶▶按照不同项目汇总的销售金额。

　　"销售统计表"是指按照不同项目汇总的销售金额。出于经常确认销售业绩的需要，需要定期统计销售金额。一般按日、月、半年、年度的时间分类进行统计，这种表的目的是掌握销售情况的变化。若按不同商品汇总，就可称为"商品销售统计表"；若按不同店铺汇总，就称为"店铺销售统计表"，可以把握特定商品和店铺销售的变化情况。

◐日常工作中积攒的销售明细表

No	销售日	商品名	销售价格	店铺名	销售数量	销售金额
1	2016/7/1	高级西装	32,000	札幌A	5	160,000
2	2016/7/1	修身夹克	25,000	柏	11	275,000
3	2016/7/1	系带大衣	23,000	前桥	3	69,000
4	2016/7/1	定制西装	150,000	三乡	12	1,800,000
5	2016/7/1	休闲夹克	26,000	前桥	9	234,000
6	2016/7/1	四季用西装	43,000	宇都宫	2	86,000
7	2016/7/1	时尚西装	38,000	札幌B	8	304,000
8	2016/7/1	高级西装	32,000	柏	2	64,000
9	2016/7/1	活动西装	59,000	宇都宫	7	413,000
10	2016/7/1	高级西装	32,000	前桥	6	192,000
11	2016/7/1	休闲夹克	26,000	三乡	8	208,000

统计的源数据储存着销售日期、商品名、店铺、金额等信息。

◐按销售日期汇总的销售统计表

销售统计表

日期	2016/7/1	2016/7/2	2016/7/3	2016/7/4	2016/7/5	2016/7/6	2016/7/7	合计
销售金额	3,965,000	9,668,000	10,428,000	5,712,000	8,069,000	5,325,000	6,968,000	50,135,000

根据销售明细表，按照销售日期汇总统计的统计表，可以确认销售金额随日期产生的变化和偏差。

◐把按日期汇总的统计表拆分为按商品汇总的销售统计表

把按日期汇总的统计表再细分到按商品汇总而形成的统计表。日期在表的上端，商品名在表的左侧，形成交叉统计表。

每日商品销售统计

商品	2016/7/1	2016/7/2	2016/7/3	2016/7/4	2016/7/5	2016/7/6	2016/7/7	合计
高级西装	576,000	1,888,000	1,056,000	832,000	800,000	1,184,000	2,592,000	8,928,000
修身夹克	160,000	1,318,000	546,000	396,000	1,934,000	1,021,000	2,780,000	8,155,000
系带大衣	160,000	1,053,000	0	0	0	0	0	1,213,000
定制西装	160,000	1,023,000	2,155,000	0	830,000	0	50,000	4,218,000
休闲夹克	464,000	0	2,117,000	1,408,000	150,000	0	125,000	4,264,000
四季用西装	160,000	0	0	0	0	190,000	50,000	400,000
时尚西装	368,000	118,000	1,810,000	607,000	4,087,000	0	2,790,000	9,780,000
高级西装	1,100,000	2,009,000	2,538,000	1,676,000	2,506,000	2,385,000	1,106,000	13,320,000
活动西装	480,000	1,552,000	2,475,000	685,000	636,000	375,000	76,000	6,279,000

销售统计表的格式是什么样的?

　　财会业务的数据统计表是没有通用的标准格式的，但是公司内部应该有其特定的格式。特别是像销售统计表这种定期制作的表，如果每次的格式不统一就难以比较数据。因此，公司内应该一直有特定的销售统计表的格式。当员工自己制作表时，就算是十分难懂或者做起来很麻烦的格式也最好按照公司规定的格式要求去做。

　　除销售统计表外，几乎所有的业务用表应该都有先例。当你为制表苦恼时，可以参考他人做过的表。

如何安排按时间分类的数据

　　在统计表中，经常会按日、月、年度来汇总数据，一般按时间变化从左至右横向排列。因为数据在横向排列时更容易想象到随时间变化的趋势。但是，在销售数据这种作为统计数据源的数据库中，时间数据是纵向排列的，所以在统计时也容易变成纵向排列。但一般而言，时间数据是要横向排列的。

🔽不好读懂的统计表

	A	B	C	D	E	F	G	H
1	每日商品销售统计							
2								
3	商品	高级西装	修身夹克	系带大衣	定制西装	休闲夹克	四季用西装	时尚西装
4	2016/7/1	576,000	160,000	160,000	160,000	464,000	160,000	368,000
5	2016/7/2	1,888,000	1,318,000	1,053,000	1,023,000	0	0	118,000
6	2016/7/3	1,056,000	546,000	0	2,155,000	2,117,000	0	1,810,000
7	2016/7/4	832,000	396,000	0	0	1,408,000	0	607,000
8	2016/7/5	800,000	1,934,000	0	830,000	150,000	0	4,087,000
9	2016/7/6	1,184,000	1,021,000	0	0	0	190,000	0
10	2016/7/7	2,592,000	2,780,000	0	50,000	125,000	50,000	2,790,000
11	合计	8,928,000	8,155,000	1,213,000	4,218,000	4,264,000	400,000	9,780,000

日期纵向排列的统计表。难以使人联想到时间的变化，因此不容易看懂销售业绩的变化。

One Point

切换表的横竖方向

　　将不小心把时间纵向排列的统计表重新再做一遍很浪费时间。面对这种情况，可以用互换行列的操作来解决问题。

　　首先，全选表格，按**Ctrl+C**组合键复制，在要粘贴的地方按**Ctrl+V**组合键。在粘贴完成后显示的［粘贴选项］中选择［转置］选项。

　　这样表的行列就会互换完成。然后适当调整列宽及表的样式。

运用SUMIFS函数制作交叉统计表

交叉统计表是指通过设置表行列的项目，能够从行列交叉部分看到我们想要的信息的表。这种表是在我们想要按不同项目汇总像销售数据这样散落在表格中的数据时的必需品。从Excel函数的角度来说，这种表统计了同时符合了行列多种条件的数据。这种表不是单纯把行或列用SUM函数合计，而是用SUMIFS函数指定多个条件，对同时符合多个条件的数据做统计。

◉利用函数制作交叉统计表

No	销售日	商品名	销售价格	店铺名	销售数量	销售金额			札幌A	札幌B
1	2016/7/1	高级西装	32,000	札幌A	5	160,000		高级西装	2,400,000	1,600,000
2	2016/7/1	修身夹克	25,000	柏	11	275,000		定制西装	2,250,000	2,100,000
3	2016/7/1	系带大衣	23,000	前桥	3	69,000		立领大衣	351,000	585,000
4	2016/7/1	定制西装	150,000	三乡	12	1,800,000				
5	2016/7/1	休闲夹克	26,000	前桥	9	234,000				
6	2016/7/1	四季用西装	43,000	宇都宫	2	86,000				

在单元格J3中输入"=SUMIFS($G$3:$G$565,$C$3:$C$565,$I3,$E$3:$E$565,J$2)"❶，把公式填充J3:K5单元格区域❷。

One Point

巧用"绝对引用"轻松输入公式

SUMIFS函数可以在一个单元格输入后直接复制。为了复制的方便，有必要把公式中引用的单元格或单元格区域设置为绝对引用。

◉绝对引用的设置

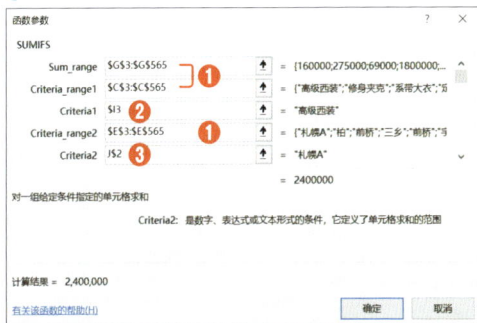

函数参数

SUMIFS

Sum_range	$G$3:$G$565		= {160000;275000;69000;1800000;...
Criteria_range1	$C$3:$C$565		= {"高级西装";"修身夹克";"系带大衣";"...
Criteria1	$I3		= "高级西装"
Criteria_range2	$E$3:$E$565		= {"札幌A";"柏";"前桥";"三乡";"前桥";"...
Criteria2	J$2		= "札幌A"

= 2400000

对一组给定条件指定的单元格求和

Criteria2: 是数字、表达式或文本形式的条件，它定义了单元格求和的范围

计算结果 = 2,400,000

有关该函数的帮助(H)   确定   取消

为了让引用的单元格区域在复制粘贴后的公式里也保持不变，把整行都加上绝对引用❶。至于作为条件的单元格，为了能在复制粘贴后恰好引用所在单元格的行或列，只对列（条件1）❷或行（条件2）❸加上绝对引用。

SUMIFS函数 对符合多个条件的数据求和

公 式 =SUMIFS（求和对象范围，条件范围1，条件1，[条件范围2,条件2]，…）

说 明 SUMIFS函数会寻找在［条件范围X］内符合［条件X］的数据，然后对和以上数据在同一行且处于［求和对象范围］内的数据求和。

用函数统计还是用功能统计？

除函数外，Excel还拥有统计功能。表格自带显示数据统计结果的功能（→P.59）。使用数据透视表也能实现多种数据统计（→P.84）。你可能会对使用哪个功能来做统计感到迷茫，但每个功能都既有优势，又有不足。表格的［汇总行］只能让统计结果显示在表格的最下方。

与它们相比，函数的自由度更高，可以随意选择结果的显示和保存位置。从计算种类来说，也是函数绝对优势。而且函数可以随意组合，可以处理多种计算。从自由度和通用性来看，绝大多数事情只有函数可以胜任。函数对Excel来说必不可少，因此推荐大家根据自身需要学习函数。

◐表格只能按列统计数据

◢	A	B	C	D	E	F	G	H	I
1	No	销售日	商品ID	商品名	销售价格	店铺ID	店铺名	销售数量	销售金额
560	588	2016/7/31	M-JACKET-SLM	修身夹克	25000	3001	宇都宫	13	325000
561	589	2016/7/31	M-JACKET-REX	休闲夹克	26000	3003	柏	13	338000
562	590	2016/7/31	M-SUIT-ACT	活动西装	59000	3002	前桥	4	236000
563	591	2016/7/31	M-JACKET-REX	休闲夹克	26000	3005	船桥	11	286000
564	592	2016/7/31	M-SUIT-ALS	四季用西装	43000	3005	船桥	13	559000
565	总计								192,143,000
566									

使用表格的汇总行做统计时统计结果会显示在表格最下行，点击结果旁的筛选按钮可以改变结果。如果使用函数就可以随意选择结果的显示位置。

COLUMN　其它带有条件的计算函数

在统计数据时，首先求和或求平均值，掌握数据的概略。接着细分数据做统计。从概略看不出的数据特点可以通过更具体的统计看出。

这时派上用场的就是带有条件的函数。求和的SUM函数，带上条件IF就是SUMIF函数。条件不止一个时就使用带有IFS的SUMIFS函数。

◐按条件计算的函数

	无条件	一个条件	多个条件
求和	SUM	SUMIF	SUMIFS
求平均值	AVERAGE	AVERAGEIF	AVERAGEIFS
计算数量	COUNT	COUNTIF	COUNTIFS
求最大值	MAX	无	MAXIFS（Excel2016）
求最小值	MIN	无	MINIFS（Excel2016）

如何高效地输入函数公式?

你可以从头到尾打字输入函数公式,但Excel也准备了帮助你输入公式的功能。为了减少失误,推荐大家利用这项功能。

·自动完成公式

在"="后输入几个字母,包含这些字母的函数名都会展示出来,可以从中选择你要输入的函数。

🔽通过自动完成输入函数

在想要输入函数的单元格内输入"="和函数名的几个字母❶。按"↓"键定位到想要输入的函数,按**Tab**键选择❷,双击也可。这样"=函数名("就输入完成了,接下来只需指定参数即可。

·[函数参数]对话框

[函数参数]对话框内有参数输入文本框,在使用不熟悉的函数时可以起到提示和规范作用。

🔽通过[函数参数]对话框输入函数

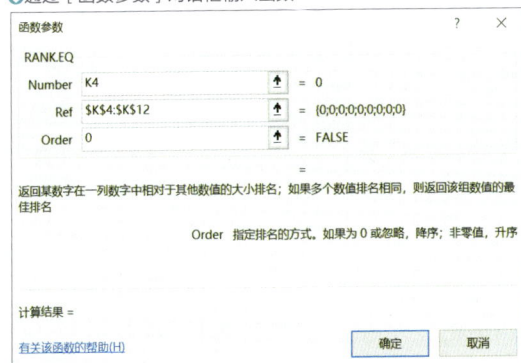

"=函数名("输入完成后单击[插入函数]按钮,弹出已输入的函数的[函数参数]对话框。

105

函数只在计算时使用吗?

▶▶▶ 也可以处理数据数量等问题。

提到函数计算时,首先想到的是对数值求和、求平均值这类的"计算",但函数能做的不仅仅是这些。比如函数可以计算出数据的数量。函数可以用来计算数值或文字的个数,有时也会用来计算空白单元格的个数。如果不用函数就只能用眼睛盯着去数了,所以除"计算"以外,其他很多的问题也可以依靠函数解决。

⊙通过函数计算数据的数量

在单元格J13中输入计算店铺名数量的COUNTA函数公式[=COUNTA(J4:J12)] ❶。

COLUMN　想要了解数据先要掌握数据的数量

数据的数量对掌握数据概略而言必不可少。比如有一张某数据库的统计表,显示着数值的合值和平均值。如果这张表没有显示数据的总数,那么有可能总数是10,也可能是1000,不同的总数会令我们对统计结果的解读产生很大差异。而且,如果总数是10,虽然合值和平均值都能用来参考数据总体情况,但是在总数较少时平均值会更易受到个别数据影响,所以在表中把中间值也一并展示出来比较好。

COUNTA函数　计算非空白数据的数量

公　式　=COUNTA(范围)

说　明　计算指定的单元格区域内的非空白单元格个数。

不知道该看表的哪里

▶▶▶ 每个统计表都有想要展示的重点。

在统计表中，对不同项目的数值求和是基本做法，但这么做仅仅算是呈现数字。根据一定目的制作的表应该含有展示的重点。常见的有比较数据，比如，想要评估本年度的销售业绩时，应将其和上一年度的销售业绩作对比。人们希望看到销售业绩能和上一年比有所上涨。还可以把上一年度和上上年度的数据进行比较分析。

另外，占比也是统计表中常见的数值。占比指各要素在全体中所占的比重。根据分析对象的不同，表中要展现何种要素的占比也会不同。比如要分析商品的销售情况的话，就展现不同商品占比；分析不同店铺的销售情况的话，就展现不同店铺占比。

⊕不同店铺销售业绩表

店铺名	去年销量	销售金额	与去年相比
札幌A	10,418,400	11,576,000	111.1%
札幌B	9,864,800	8,968,000	90.9%
仙台A	18,634,600	20,255,000	108.7%
仙台B	11,102,420	11,329,000	102.0%
宇都宫	25,493,600	23,176,000	90.9%
前桥	28,582,980	32,854,000	114.9%
柏	19,753,160	21,014,000	106.4%
三乡	18,764,460	23,166,000	123.5%
船桥	39,406,950	39,805,000	101.0%
合计		192,143,000	

在不同店铺的销售业绩外还加入了前年比的表。前年比通过"=今年销售额/上一年销售额"公式计算。首先关注前年比低于100%，也就是比去年业绩下滑的部分。

⊕不同商品销售占比表

商品名	销售金额	构成比
立领大衣	36,899,000	21%
系带大衣	30,355,000	17%
时尚大衣	22,467,000	13%
高级西装	20,421,000	12%
时尚西装	18,884,000	11%
立领宫	17,767,000	10%
基础夹克	11,270,000	6%
休闲夹克	10,265,000	6%
修身夹克	8,344,000	5%
	176,672,000	

加入了不同商品占比的表。占比通过"=各要素的值/全体合值"公式计算。

"同比"与"同比增长率"不是一回事

"同比"常常出现在分析销售业绩的表中，而"同比增长率"常常与它混淆。区分这两者应该是职场人士的常识，但是若对数据处理不够熟练还是容易将它们搞混。下面介绍一下这两者代表的含义和计算方法吧。

"同比"是以上一年度的数值为标准表示本年度的数值。同比在100%以上说明本年度的数值增长，在100%以下则说明本年度的数值减少。而"同比增长率"是以上一年度的数值为标准表示本年度的数值增长了多少。同比增长率为正数说明本年度的数值增长，为负数则说明本年度的数值减少。

同比计算公式：　本年度业绩÷上一年度业绩
同比增长率计算公式：（本年度业绩−上一年度业绩）÷上一年度业绩

⊙同比与同比增长率

	A	B	C	D	E	F
1	各店铺销售业绩					
2						
3	店铺名	去年销量	销售金额	与去年相比	增长率	
4	札幌A	1,000	2,000	200.0%	100.0%	
5	札幌B	9,864,800	8,968,000	90.9%	-9.1%	
6	仙台A	18,634,600	20,255,000	108.7%	8.7%	
7	仙台B	11,102,420	11,329,000	102.0%	2.0%	
8	宇都宫	25,493,600	23,176,000	90.9%	-9.1%	
9	前桥	28,582,980	32,854,000	114.9%	14.9%	
10	柏	19,753,160	21,014,000	106.4%	6.4%	
11	三乡	18,764,460	23,166,000	123.5%	23.5%	
12	船桥	39,406,950	39,805,000	101.0%	1.0%	
13	合计		180,569,000			
14						

上一年度的销售额为1000，而本年度销售额为2000，是上一年度的两倍，所以同比是200%。同比增长率表示本年度的数值相比上一年度的数值有多少增长，所以是100%。

在报告书和策划书中，为了给人业绩提升的印象，经常会加入"OO%UP"、"OO%增长"等关键词。如果上一年度的销售额是100万，本年度的销售额是150万，同比就是150%，同比增长率就是50%。那么，这个情况应该怎样用关键词表达呢？

正确答案是"50% UP"。要是写成了"150% UP"，对职场人士来说就是个丢脸的错误了。"OO% UP"、"OO增长"应该表达增长部分的数值。所以若是"150% UP"的话，本年度的销售额就变成了250万。

用数字表达信息不直观

▶▶▶ 用图表传递视觉信息。

供人观看的统计表，比如在报告书、汇报、策划书等文件中使用的统计表，应该让人一眼就看懂你想表达的信息。

⏻ 用饼图表示店铺销售金额

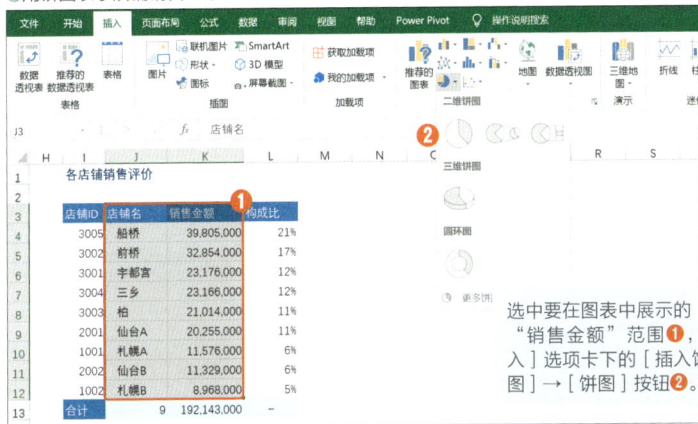

选中要在图表中展示的"店铺名""销售金额"范围❶，单击［插入］选项卡下的［插入饼图或圆环图］→［饼图］按钮❷。

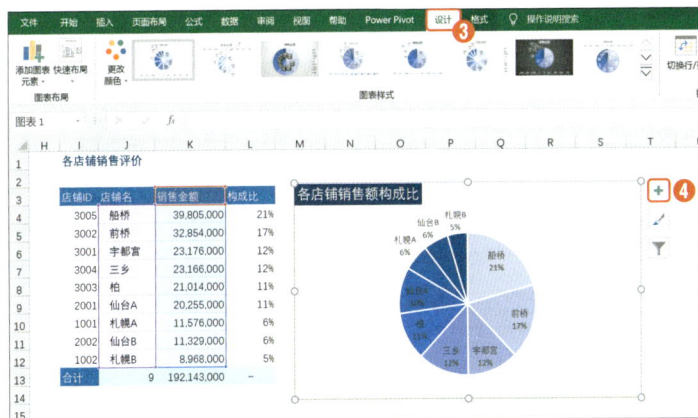

生成饼图后在［图表工具］-［设计］选项卡下调整颜色和样式❸。还可以单击［图表元素］按钮，选择在图表中展示的要素❹。饼图会去除时间系列数据，把标签按占比由高到低排序，若有"其它"标签则不论其占比多少都放在最后一个。

要想展示数值的走势和差异，图表是最合适的办法。把统计表和图表组合起来，能帮助你把信息表达地更清楚。制作图表首先需要选中想要图表化的范围，接着选择图表种类。操作并不复杂，但问题在于图表种类的选择。像上面的例子那样想展示比重就选择饼图。想展示数值的变化和差异的话就选择折线图或柱状图。

控制图表的解读方式

图表不仅便于展示数值的比较和变化，还能让数值更有说服力。简单罗列很难让人理解到数值间的差异，但柱、折线等图形却能强调出数值的差异。但有一点值得注意，那就是一张图表有可能是以方便其制作人的形式制成的。即便制作它的人没有特别的目的，看图表的人还是可能被图表无形操控。

下面两张图表给人的印象就各不相同。上侧图表中的折线给人大幅波动的感觉，而下侧图表则不会给人这种感觉。两张图表都是基于相同数据制成，只是图表的宽高比不同。如果把折线图和柱状图拉高，变化幅度就会看起来很激烈。而如果把它们拉宽，变化幅度就会显得平稳。这些操作并没有改变数据，所以不算是造假，

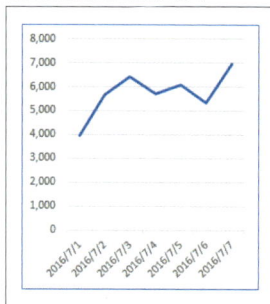
变化幅度明显的折线图

把图表拉高就会给人数据激烈波动的印象。

但是我们在制作和查阅图表时还是要注意图表外形对我们的影响。

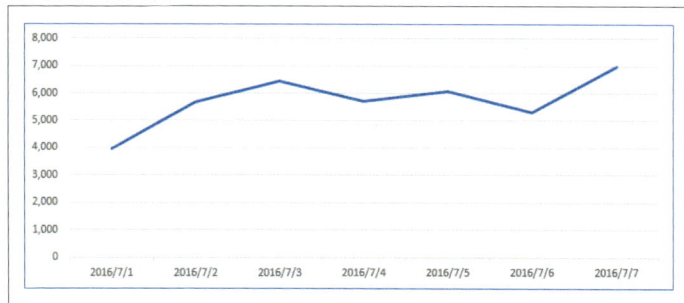
平稳变化的折线图

宽高比不同就会导致图表给人的印象不同，我们需要把这一点谨记于心。

图表的轴、颜色也能令人产生错觉

　　图表有多种设置选项，其中对数值轴的文字和颜色的设计也会导致人们产生错觉。在下方图表中，黄色的柱子会最先引起人的注意。明亮的黄色属于膨胀色，会给人一种看起来比实际更大的错觉。虽然是同样的高度，但黄色柱子比蓝色柱子看起来更高。

⊙利用了颜色错觉的图表

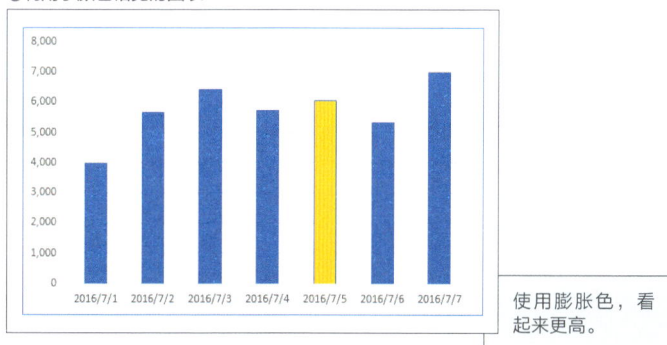

使用膨胀色，看起来更高。

　　下面两张图表通过改变数值轴的间隔使人产生错觉。左侧图表的刻度单位是［千］，这样折线的起伏差异感觉变小。如此一来，即使实际上是三乡店的业绩下跌更严重，图表却显得札幌B店的业绩更差。

⊙通过改变刻度产生错觉的图表

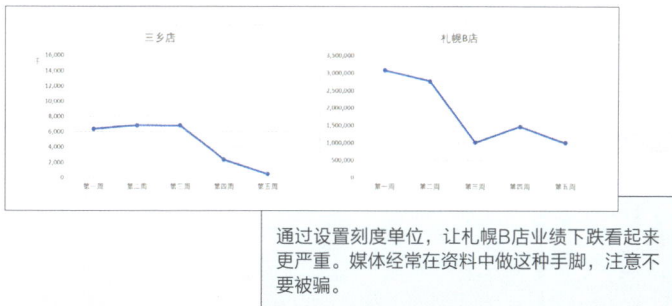

通过设置刻度单位，让札幌B店业绩下跌看起来更严重。媒体经常在资料中做这种手脚，注意不要被骗。

　　对这种精心设计的图表要多加注意，我们要反向考虑制作这些图表是不是别有用心。

将统计表放入报告时怎么做比较好？

▶▶▶使用图表等功能让统计表变得清晰易懂。

　　统计表可以在写报告和做展示时作为资料使用，在Excel的工作表中直接打印出来即可。使用一些功能，让人更好地理解你在统计后得到的内容，这是重点。图表是其中最具代表性的功能，还可以使用［条件格式］和［迷你图］点缀统计表。

　　［条件格式］可以为符合条件的单元格做颜色标记（→P.34）。［迷你图］可以将数值变成简易图表，在单元格内显示。比起单纯罗列数值，该功能可以展示数值的走势。

◆图表与表格组合的统计报告

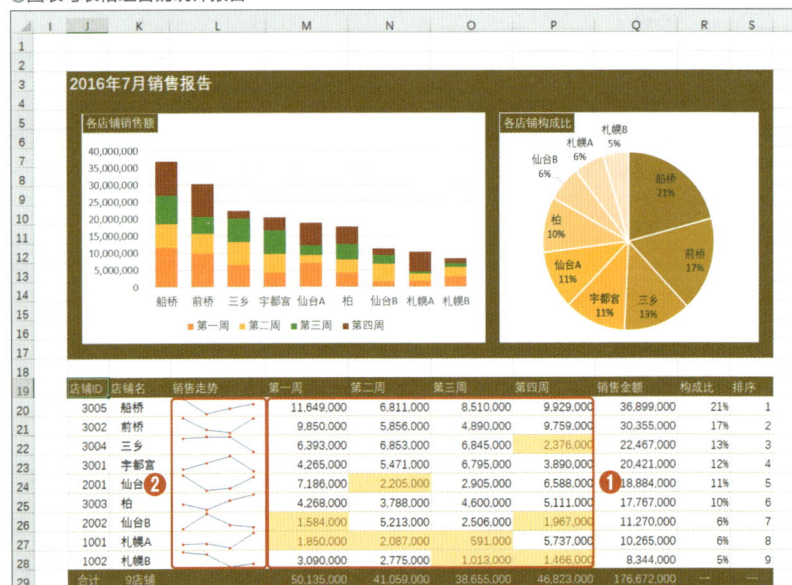

［条件格式］❶为符合条件的数据做颜色标记，使其更醒目。［迷你图］❷将选定范围内的数值用简易图表展示出来。

第**6**章

用积攒的数据
制作报表

制作报表要先从数据库转记数据

报价表、作业指导书、出货单等，可以说公司的每项业务都离不开报表。将数据库与报表关联，就能不费工夫地制成一份报表，而且是有助于检索的报表。

数据库与报表

转记是什么意思？
⇒右下

关联数据库有什么好处吗？ ⇒P.118

什么是报表？
⇒P.116

▶▶更多疑问及顾虑

· 如何转记数据 ⇒P.121
· 用于VLOOKUP函数搜索的表区域有所改变 ⇒P.123
· 明明正确输入了VLOOKUP函数却显示有误 ⇒P.125
· 预先输入好的公式结果显示为0 ⇒P.128
· 忘记在报表的收件人处添加尊称 ⇒P.129
· 如何更改用于VLOOKUP函数参照的表 ⇒P.131

▶▶ 更多基于数据库的报表

▶▶ 数据转记与VLOOKUP函数

转记是一种簿记术语，意思是按照商品底账将用于报表的商品信息抄写下来，也指拷贝数据。在Excel中进行转记需要用到一行一件形式的表格和VLOOKUP函数。

● 报价单的明细部分

仅仅输入商品编号就完成转记！

❶ 输入1004

❹ 移动数据

● 商品主数据

❷ 找到1004了！

❸ 还有商品名等信息！

VLOOKUP函数的工作原理

在商品主数据中找到输入于报价单明细部分的商品编号❶，然后找到该编号的商品名和价格等信息❷，再将它们移动至报价单明细部分❸❹，在指定场所显示出来❺。

报表是什么？

▶▶▶报表是记载与公司业务有关的公司内外所有记录和证据的文件。

　　报表是结合了会计术语中的账簿与发票的术语。大体上讲，账簿是交易记录，而发票是记录金钱收支和交易内容的纸张。以发票举例，在便利店结算后产生的付款发票。在便利店付完款后会得到一张纸片，这张纸片就是支付完成的证据。就像这样，发票具有作为交易证据的意义。因此，结合了账簿与发票的报表可谓是兼备记录与作为证据的文件。

公司内的文件也叫做报表

　　说到报表，具有代表性的包括报价单、交货单、订单等，但报表远远不止这些。报表是作为记录与证据的文件，而记录会在人、物（服务）、金钱将要发生变化时（或发生变化后）产生。而上述因素的变化源于公司业务的运作。所以，报表是在公司业务运转的同时产生的文件。比如，公司内的交通费明细账单、物品购入申请书、禀议书、作业指导书等。在公司内被用到的各种文件都叫做报表。

⊙与业务紧密相关的报表

公司外部

公司内

订货单

清单　申请书　明细账单

报价单

订单　交货单

发货单

指导单　禀议书

报告书

报表会起到信息共享的作用

无论做什么都需要报表，非常麻烦，时间被耽误、效率被降低，因此制作报表也常被人嫌弃。但是，人、物（服务）、金钱将要发生变化（或已经发生变化）的记录不仅可以成为保证商品和服务的质量，也会起到信息共享的作用。在公司中有大量的人在协同工作，还伴随着人事变动，就算负责人被更换或者不在岗，业务也能不被耽误，继续推进得益于报表的信息共享。

COLUMN 现实与电视剧不同

作为报表与业务紧密相关的例子，下文讲述在一家制造业公司（以下称X社）发生的事情。

某日，X社使用的某装置出现了问题，于是X社便向出售该装置的公司（以下称A社）询问原因并要求改善。数日后，A社的负责人突然到访X社，并且带来了可以改善装置的用品。

由此各位也能推测到A社为了应对X社的要求采取了紧急措施。如果是在电视剧中，员工们会不眠不休地紧急处理问题，然后将制作完成的用品火速拿到对方公司，并庆幸及时解决了问题。但现实与此不同。X社的负责人拒绝收下A社带来的用品。

拒绝的理由是A社没有附上报表。

像订购装置的公司X社与售卖装置的公司A社，如果公司间的交易过程中发生了问题，就算是负责人也不能仅靠口头交涉和一件用品解决问题。对X社而言，如果不确认问题的原因和需改善的内容，就无法使用A社提供的用品。上述内容应该出现在A社官方提供的报表，具体名为问题报告书上，如此X社才能开始使用该用品。日后，A社将用品与报表一同送达X社，事情才顺利解决。

经营资源

公司持有的有形和无形财产。人、物（服务）、金钱、信息（经验技术等）是经营资源的四大要素。

证据

在公司，证据一词常常被用于"请附上证据后提交"这样的话语中。代表性的证据就有报表。身边常见的例子有交通费明细账单等各类收据，这些便是出差的证据。

关联数据库有什么好处吗?

▶▶▶可以省去在报表中一字一句输入的麻烦,还可以实现报表检索。

　　存储在数据库中的决定性项目是报表项目,在之前章节中已经介绍了
(→P.49)。也就是说,数据库中存储着制作报表必需的数据。使用存储的数据
带来的好处就是省去再输入一遍数据的麻烦。

● **数据库与报表之间"存储再利用"的关系**

· 报表例:交货单

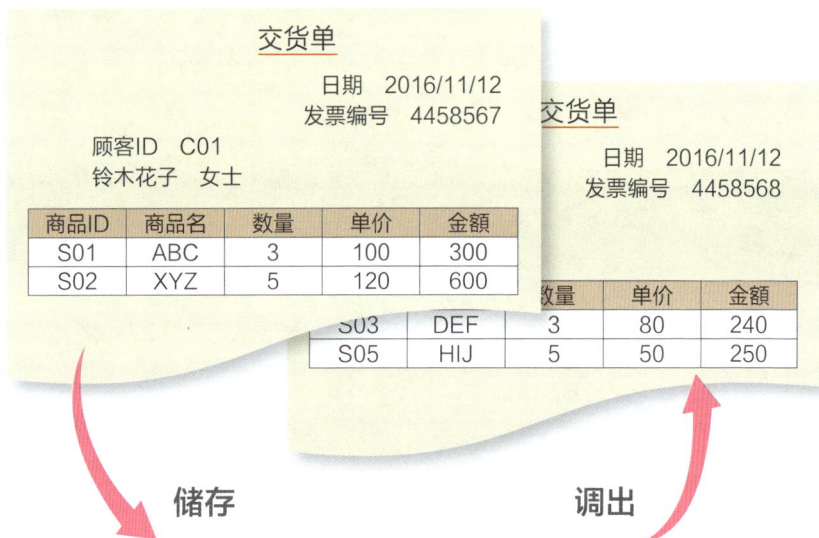

交货单

日期　2016/11/12
发票编号　4458567

顾客ID　C01
铃木花子　女士

商品ID	商品名	数量	单价	金额
S01	ABC	3	100	300
S02	XYZ	5	120	600

交货单

日期　2016/11/12
发票编号　4458568

数量	单价	金额
S03 DEF	3	80	240
S05 HIJ	5	50	250

储存　　　　　　　　　　　**调出**

· 数据库示例:交货管理

发票号码	顾客ID	日期	货号
4458567	C01	2016/11/12	885
4458568	C02	2016/11/12	885

· 数据库示例:明细管理

发票号码	商品ID	数量
4458567	S01	3
4458567	S02	5
4458568	S03	3
4458568	S05	5

　　还有一点好处是使用数据库的筛选功能调整排序,能快速实现报表检索。
此时,输入存放报表的柜子编号就能检索出柜子的实际位置,就不用到处打开
柜子翻找报表了。

报价单说到底也只是预估报价，是不是可以与实际报价不一致？

▶▶▶ 预估报价与订单金额的差异过大，会扰乱公司的盈利计划。

　　报价单常常在还未确定是否会接到订单时就被要求提供，尤其在还未定下具体方案时就做出详细的报价单实在很麻烦。即便如此，我们也不能轻视报价单，更不能让报价单与订单的金额相差过大。

　　假设A社接到B社订单，明明先前的报价单上报价10万日元，订单上却报价15万日元。从接受订货方A社的立场看，就如上述所言，由于报价金额是在还未决定具体方案时提出的，所以与最终订单金额相差5万日元也是无可奈何。但是，从订货方B社的立场上看还是这么回事吗？B社会提出"怎么回事，为什么订单和报价单差了5万日元？"这样不满的问题。就算A社解释道"报价单说到底也只是预估报价而已"，恐怕B社也不会再找A社订货了吧。

　　再假设这种情况，A社的工作人员为B社报价为10万日元，但最终订单金额是7万日元。报价金额与订单金额有所差异是在所难免的，但我们不能对差异坐视不管。当订单金额确定下来时，我们就需要修改报价管理表。不能无视小小的差异，否则，被无视的差异就会越积越多，导致公司的实际业绩与盈利计划之间的差距越来越大。某些情况下甚至还可能影响到公司的经营战略，自己的工资也会受到影响。所以报价单是一种需要慎重考虑和多次商讨才能制成的报表。

报价单的必有项目是报价条件

　　如果在报价阶段抱着对不确定因素无可奈何的态度制作报价单，最终可能会失去你的客户。不过，在未决定具体方案时制作报价单也确实很困难。在此，有一个窍门可以防止与交易对象产生分歧。这个窍门就是在报价单中加上报价条件。无论哪个行业，通用的报价条件有报价根据（比如过去的类似订单）、交货期、交货场所、产品、报价有效期限等。最好在报价单中设置正式的项目和输入栏，或者在备注栏中输入报价条件。

预估利润要先从把握成本开始

报价金额由"成本+利润"组成。然而在实际营业中，订单金额才是评价对象。如果太过在意利润而忽视是否拿到订单，那么作为评价对象的订单金额永远只能是0。然而如果又太过重视如何拿到订单，忽视了利润，那么到期末核算时就会发现收支不平衡，导致业绩恶化。在提出报价金额时，需要事先调查好必要的生产工序和所耗时间。第一次只能摸索着来，但是下次再遇到类似订单时，就能比较上次订单的报价和实际业绩，看看实际情况下哪道工序和所耗时间与计划有出入，然后精密地调整报价。把握好成本后，只要再追加公司决定的利润额，提出报价金额即可。若公司规定了利润率，那么遵循箱状图的思路报价即可。另外，若订单金额与报价金额一致，那么报价金额可直接替换为销售额，成本直接替换为成本价。

◑箱状图

| 报价金额
（销售额） | 成　本
（成本价） |
| | 利　润 |

成本为100，利润率为报价金额的20%时，利润则等于报价金额X20%。因此，成本+利润=报价金额，成本+（报价金额X利润率）=报价金额，100+（报价金额X20%）=报价金额。最终，报价金额=100/0.8=125。

COLUMN　预估工时应该以谁为准？

正好在撰写此书时，我听说A的报价有误导致入不敷出。询问后我发现，A按照"如果是我的话花这些时间就能做完"的标准预估了工时费。做报价的似乎是一位十分能干的人，按照他的标准来估价，那入不敷出也是显而易见的结果了。预计完成工作必需的时间时要使用标准工时，这是一般性的常识。日本工业标准已对标准工时做出规定，简单来说，包括休息时间，普通人不紧不慢，以普通速度完成工作的时间就是标准工时。

如何转记?

▶▶▶ 用VLOOKUP函数把数据库内的数据拉到报表中。

　　将数据从数据库转记到报表要通过VLOOKUP函数实现，原理详见P.115。下文讲解VLOOKUP函数的输入方法，请与P.115的图片一并参考。"商品编号1004"是搜索值，"商品主数据"是区域，搜索结果"商品名"需要用其在商品主数据中所在列序号表示。使用VLOOKUP函数时有四点注意事项。

① 用于搜索的另一张表应采用一件一行的形式
② 用于搜索的另一张表的列标题应在范围之外
③ 用于搜索的另一张表的左端列应记载与搜索值相同的数据项目
④ 转记数据时，不要忘了把逻辑值指定为FALSE

　　①②两点通过制作前文提及的表格即可实现（→P.54）。表格采用一件一行的形式，而且列标题不在其范围内（→P.123）。另外还可设置表格标题。③④两点需要格外注意。VLOOKUP函数必须在另一张表的左端列查找搜索值，要转记的数据则从右侧列中被拉取。在有关VLOOKUP函数的使用需求中，常常见到"在另一张表的第二列搜索，然后从第一列拉取数据"的需求。然而VLOOKUP函数无法实现在另一张表的中间列搜索，然后从左侧列拉取数据的操作。这种情况下，若想使用VLOOKUP函数，请替换另一张表中列的顺序。最后，④的FALSE是指当另一张表的左端列能够找到搜索值时，就可以根据列编号拉取数据。为了保证转记数据的正确性，FALSE是必需的。

VLOOKUP函数　搜索另一张表，转记找到的数据

公 式	=VLOOKUP（搜索值，区域，列序号，逻辑值）
说 明	=在区域内的左端列查找搜索值，再通过列编号指定拉取从区域左起第几列的数据。将逻辑值指定为FALSE，则只查找左端列与搜索值完全一致的数据。

COLUMN 贵社的VLOOKUP函数用对了吗？

　　凑巧的是，在刚刚提出执笔本书之际，有人向我咨询在突然没办法转记的情况下该怎么办。在这里无法列举实物，所以用简略图替代。在报告书的管理ID列输入ID编号，位于管理表第二列的工作名就会被转记过来，这是该文件的构造。向我咨询的人提出"明明正确输入了管理ID，转记却出现问题，我还是第一次遇到这种情况"。在此，假设管理ID是4。

●VLOOKUP函数的数据转记莫名出现问题

在报告书的管理ID列输入"4"❶，然后在管理表搜索"4"，却先搜索到了"5"❷，于是在没有超过"4"且与"4"最接近的"3"处拉取了工作名❸。

　　原因在于忘记了指定FALSE。在VLOOKUP函数中，如果没有输入FALSE，则逻辑值自动识别为TRUE。那么，VLOOKUP函数就会搜索不超过搜索值且最接近搜索值的数据。值得注意的是，逻辑值是TRUE的情况下，另一张表的搜索值需要以从小到大的顺序排列。也不知是算幸运还是不幸，该公司的管理ID一直是以从小到大的顺序排列的，因此一直没发现问题。由于ID顺序的改变，转记才突然无法顺利进行。添加上FALSE后便能正常转记了。在这个案例中，虽然没有出现实际利益损伤，但VLOOKUP函数常年被错误使用，这确实不是件好事。借此机会对VLOOKUP函数总体检查一遍不失为一个好主意。

术语解说 转记

　　转记是簿记术语的一种，意思是把分类结果按照账本科目拷贝下来。鉴于其拥有"拷贝"的含义，该词不仅出现在会计工作中，也被普遍用于各类商务场景。在本书的讲解中，VLOOKUP函数也是作为一项"拷贝"手段把存储的数据转记到报表中。

用于VLOOKUP函数搜索的表区域有变化，怎么办？

▶▶▶做成表格就能自动识别区域。

将一件一行的表转换为表格的好处之一就是便于操作，每次增加新数据都能被自动纳入表格区域，关于这一点已做过讲解（→P.55）。同理，删除数据后表格区域也会自动调整。

▇▇ 表格名称对应着除列标题以外的区域

在把表格设置为VLOOKUP函数中的区域之前，需要先确认表格名称和对应的区域。表格名称可在［表格工具］—［设计］选项卡进行设置。刚刚转换为表格后，表格名称默认为"表格（数字）"，但用户可以根据需要设置新的表格名称（此处图例叫做"价格表"）。另外，表格的数据区域可在"名称框"中确认。

⊕确认表格名称和表格的数据区域

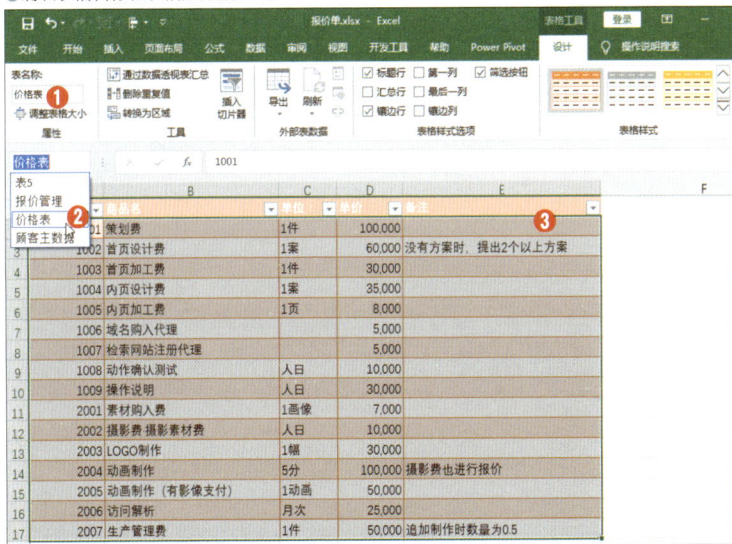

单击"表名称"的输入框，输入表格名称❶。单击"名称框"下三角按钮，选择表格名称❷，对应的数据区域就会被选中。可以看到列标题被排除在外❸。

指定VLOOKUP函数中的"区域"为表格名称

在报价单中输入商品编号，在商品名列输入VLOOKUP函数，从价格表中转记每个商品编号对应的商品名。商品名在价格表的第二列，明细部分的单位在价格表的第三列，单价在价格表的第四列，依此转记。

利用"自动填充"拷贝VLOOKUP函数

利用"自动填充"将公式和函数拷贝至周围单元格的诀窍是区分横竖，也就是区分行和列。首先，把商品名列的VLOOKUP函数向右填充时，商品编号（此处是"A21"）也会向右变化（变为"B21"），因此需要把商品编号单元格的行序号锁定住。接着，向下填充时，商品编号的单元格也会向下变化（变为"A22"），所以商品编号单元格的行序号反而不需要被锁定。锁定标记是"$"。加上该标记后检索值变为"$A21"，这就叫做"仅对列做绝对引用"。

◉在价格表搜索商品编号，然后将对应的商品名转记至估价单

B21		× ✓ fx	=VLOOKUP($A21,价格表,2,FALSE)			
	A	B	C	D	E	F
20	商品编号	商品名	单位	单价	数量	金额
21	1004	内页设计费	1案	35000	2	70.000
22	1005	内页加工费	1页	8000	2	16.000
23	2007	生产管理费	1件	50000	1	50.000
24						
25						

在商品名列的单元格内输入"=VLOOKUP($A21，价格表，2，FALSE)"，从价格表转记商品名。向右填充，列序号变为"3"和"4"，单位和单价就能被转记过来。向下填充，每个商品编号对应的商品数据都能被转记过来。

术语解说 **实际标准**

事实上的行业标准。未经JIS、ISO等国家或国际级别的机构认准，但已是既定事实，所有人都默认遵守的事物。

明明正确输入了VLOOKUP函数却显示有误，为什么？

▶▶▶ 搜索值为空白，或是另一张表中没有该搜索值。

在VLOOKUP函数中发生了"#N/A"的错误。这种错误发生在搜索值为空白因此无法搜索时，还有搜索值有误，在另一张表找不到搜索值时。

明细部分发生错误在所难免

如果错误输入商品编号导致"#N/A"错误，只要重新输入正确的商品编号就能解决。通常，报价单这类报表的明细行会留出多余的空行。空行中没有输入商品编号，空白会导致"#N/A"错误。所以明细部分发生错误是在所难免的。一旦一个单元格发生错误，其它关联单元格也会一起发生错误。

○明细部分的"#N/A"错误

空出的明细行"#N/A"错误由搜索值空白造成。由"单价X数量"求得的"金额"也显示"#N/A"错误，是因为"单价"发生了"#N/A"错误。同理，合计金额显示"#N/A"错误，是因为"金额"发生了错误。可见，错误具有连锁性。

若商品编号为空白，则显示空白或显示0

"#N/A"错误的根源是商品编号的空白。只要对VLOOKUP函数稍加修改，就能在商品编号空白时不显示错误而是同样显示空白，在输入商品编号后（即非空白时）又能显示数据。

这种"若…就…"的设计要通过IF函数实现。

要在搜索值空白时让单元格显示空白，只需要两个""""（英文双引号）。如此一来，IF函数写成如下公式。

=IF(商品编号="　"，"　"，VLOOKUP(搜索值,区域,列序号,逻辑值))

"=IF(商品编号="",""，"是在VLOOKUP函数发生错误时使用的固定公式。值得注意是，因为追加了IF函数，所以最后要有两个括号。

◎追加IF函数的VLOOKUP函数

	A	B	C	D	E	F
18	合计金额	#VALUE!				
19						
20	商品编号	商品名	单位	单价	数量	金额
21	1004	=IF($A21="","",VLOOKUP($A21,价格表,2,FALSE))			2	70,000
22	1005	内页加工费	1页	8000	2	16,000
23	2007	生产管理费	1件	50000	1	50,000
24						#VALUE!
25						#VALUE!

双击输入VLOOKUP函数的单元格，在"="后添加"IF($A21="",""，"，接着在末尾添加一个括号❶。自动填充，在单位列和单价列分别更改公式中的列序号。金额列发生了"#VALUE!"错误❷。

虽然"#N/A"错误已经得到解决，金额列却发生了"#VALUE!"错误。其原因在于添加"IF(搜索值="",""，"后，商品编号为空白时其对应的单价就成了［""］。［""］又被叫做"长度为零的文本"。这时，"单价X数量"就成了"文本X数字"，而文本和数字无法相乘，所以金额处就显示了"#VALUE!"错误。"#VALUE!"错误表示公式的引用有误。

在处理数值的单元格内，应把"真值"设为0，即"IF(搜索值="",0,"。

IF函数 根据是否满足条件，有两种处理情况

公　式 ＝IF（条件，真值，假值）

说　明 ＝指定一定条件，若满足该条件则显示真值，若不满足该条件则显示假值。

◉把处理数值的单元格记作0

D21				fx	=IF($A21="",0,VLOOKUP($A21,价格表,4,FALSE))

	A	B	C	D	E	F
18	合计金额			¥136,000		
19						
20	商品编号	商品名	单位	单价	数量	金额
21	1004	内页设计费	1案	35,000	2	70,000
22	1005	内页加工费	1页	8,000	2	16,000
23	2007	生产管理费	1件	50,000	1	50,000
24						0
25						0
26						0

双击单价单元格D21，更改公式为"IF($A21="",0,"，然后自动填充，"#VALUE!"错误
便会消失，显示计算结果。

One Point

因为是长度为零的文本所以单元格显示空白

在Excel函数中若想引用文本，则必须在用英文双引号括上文本内容。比如
"颜色是"是长度为3的文本，"颜色"是长度为2的文本，"颜"是长度为1的文
本，那么""就是长度为0的文本。因为没有文本所以显示空白，［""］常常
在想要让单元格什么也不显示时使用。

COLUMN ▶ 在数值单元格使用［""］相当于夺走了数值的意义

把数值单元格记作"0"虽然会出现许多没用的0，但该问题可在P.128得到
解决。我们不能简单地使用［""］来避免这些多余的0。人们常常会在记录金
额的单元格输入"=IF(数量="，""，单价X数量)"。之所以这个公式没有产生
问题是因为在之后的计算步骤中，人们只使用了SUM函数来计算合计金额。
SUM函数会把合计范围内的文本内容自动忽略掉，所以不会发生错误。但是，
一旦在加减乘除运算中用到了记作［""］的金额（比如：依据金额和折扣率算
出折扣价格），就会产生"#VALUE!"错误（→P.126）。数值的意义在于计
算，而［""］无法被用于计算，所以不推荐大家使用［""］代替数值，这样
无异于剥夺数值本身的意义。

没用的0太多了，很难看！

▶▶▶ 把单元格格式设置为"#,###"。

为了规避VLOOKUP函数"#N/A"错误而添加IF函数，在记录数值的单价列把公式改为"=IF(搜索值="",0,"，明细部分空余的单价列就都变成了0。而且，金额列的公式又为"=单价X数量"，即只要输入了单价和数量就会显示金额，所以金额列又多出了几行0。为了消除这些多出的0，我们需要在"设置单元格格式"对话框将单元格格式设置成"#,###"。

◉ 通过设置单元格格式隐藏多余的0

在想要隐藏0的单元格单击右键，选择"设置单元格格式"命令，弹出的对话框的"数字"选项卡下选择"自定义"选项❶，在"类型"文本框中输入"#,###"❷，然后单击"确定"按钮。如此，多余的0便消失了。

One Point

"#"的含义

"#"是用于定位数值的记号。"#,###"表示带有千位分隔符","的数值。使用"#"做记号时，位数多的数值就会按照定义的格式显示，而位数不够的数值不会用0来填补。比如，"1000000"会显示为"1,000,000"，但"10"只会显示为"10"，而不是"0,010"。就像这样，不会用0填补空缺，所以数值为0时就什么都不显示了。

忘记在用函数转记的收件人姓名处添加尊称

▶▶▶在VLOOKUP函数后添加［&"先生/女士"］。

VLOOKUP函数在转记收件人姓名时十分便利，但却容易忘在姓名后加一个尊称。为了防止这种情况，可以直接在报表上输入"先生/女士"，但由于收件人姓名长短不一，这样可能导致排列不整齐。这时，在函数后面添加［&"文本"］，函数的运算结果后就会衔接上文本内容。"&"是衔接文本的记号。

卜图使用了VLOOKUP函数，只要在单元格E4内输入报账单编号，就能从报账管理表中把该编号对应的收件人转记过来。

⊙在VLOOKUP函数转记的收件人处添加尊称

| A7 | fx | =IF(E4="","",VLOOKUP(E4,报价管理,7,FALSE))&" 先生/女士" |

在单元格A7内的VLOOKUP函数后添加［&"先生/女士"］❶，转记过来的收件人姓名就会接上"先生/女士"一起显示。❷同理，若想让单元格A4的公司名接上"公启"，只需在VLOOKUP函数末尾加上［&"　公启"］即可。

One Point

使用函数时，单元格格式不能使用"@"

通常，要在数据后接上"先生/女士"，就像P.128一样在"设置单元格格式"对话框中选择"自定义"选项，使用可以表示任意文本的"@"将格式设置为［@"　先生/女士"］即可。如此，单元格内输入了"田阪 友里"，则会显示"田阪 友里 先生/女士"。但是，VLOOKUP函数转记的收件人看似是"田阪 友里"，但本质还是VLOOKUP函数（公式）。如果设置的时机不对，如上设置单元格格式会让公式直接显示出来。因此，使用函数时还是通过"&"衔接文本更为保险。

●设置单元格格式，让收件人姓名衔接了"先生/女士"，可是……

选择"自定义"选项❶，在"类型"文本框中输入［@"先生"］❷，检查"示例"处是否显示"田阪 友里 先生"❸，确认无误后单击"确定"按钮。
若单元格内的数据不是公式而是文本，则此方法没有问题。

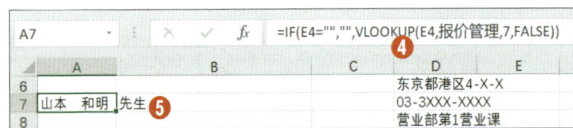

单元格内显示"田阪 友里 先生"，用VLOOKUP函数❹转记的数据顺利接上了"先生"❺。如果今后不对函数做任何改动，就没有任何问题。

双击单元格进入编辑模式，再按下Enter键，此时单元格就会直接显示公式❻。单元格格式中的"@"指代文本，此时公式被识别为文本，因此单元格显示了公式本身而不是计算结果。

想要切换在VLOOKUP函数中引用的表

▶▶▶ 通过表格名称与INDIRECT函数的组合实现切换。

在实际工作中，不乏切换使用表格的需求。但是，使用VLOOKUP函数的注意事项中有一点便是数据搜索的区域仅限于一张表。鉴于依据表格名称或单元格范围可以指定VLOOKUP函数引用的"区域"，我们不免设想，是不是只要准备另外一个单元格用于输入表格名称或单元格范围，再指定VLOOKUP函数中的"区域"为该单元格，VLOOKUP函数引用的表就能根据该单元格的数据随意切换了？

◉把VLOOKUP函数的区域指定为输入表格名称的单元格

在F12单元格中输入"=VLOOKUP($E12,Word入门,2,FALSE)"公式❶，从"Word入门"表格中查找No为2的开讲日期❷。查找范围可以指定"Word入门"❸，能否指定输入"Word入门"的单元格G10呢❹？

在单元格F12中输入"=VLOOKUP($E12,G10,2,FALSE)"公式，那么单元格G10内的数据不会被识别为表格名称或单元格范围，只会造成"#N/A"错误。要让单元格的数据不被识别为文本，而被识别为表格名称或单元格范围，需要用到INDIRECT函数。在此处，需要输入INDIRECT(G10)。

INDIRECT函数	将字符串转换为可用于公式的单元格引用或名称
公　式	=INDIRECT（引用文本）
说　明	把指定为引用文本的单元格或者文本转换为可以在公式中运用的引用单元格或者名称。

◎把VLOOKUP函数中的区域指定为INDIRECT函数，由此切换引用表

| F12 | ▼ | : | × | ✓ | *fx* | =VLOOKUP($E12,INDIRECT(G10),2,FALSE) |

	A	B	C	D	E	F	G
3	No	开讲日	讲座内容		No	开讲日	讲座内容
4	1	9月3日	基础知识与文字输入		1	10月1日	基础知识与数据输入
5	2	9月4日	文字装饰		2	10月2日	销售表的制作①
6	3	9月10日	描绘图形〈①		3	10月8日	销售表的制作②
7	4	9月11日	描绘图形②		4	10月9日	图表制作①
8	5	9月17日	插入图片①		5	10月10日	图表制作②
9	6	9月18日	插入图片②				
10	7	9月24日	制作邀请函①			讲座名	Excel入门 ❶
11	8	9月25日	制作邀请函②		No	开讲日	讲座内容
12						5	10月10日	图表制作②
13							

❷

输入 "=VLOOKUP($E12,INDIRECT(G10),2,FALSE)" 公式，则单元格G10内的数据转换为表格名称❶，相当于 "=VLOOKUP($E12,Excel入门,2,FALSE)"，"开讲日" 数据也可顺利转记❷。想要转记 "讲座内容"，只需将VLOOKUP函数中的列序号改为3即可。

	A	B	C	D	E	F	G
8	5	9月17日	插入图片①			5	10月10日	图表制作②
9	6	9月18日	插入图片②				
10	7	9月24日	制作邀请函①			讲座名	Word入门 ❸
11	8	9月25日	制作邀请函②		No	开讲日	讲座内容
12						5	9月17日	插入图片①
13							

把单元格G10改为 "Word入门" ❸，也相当于 "=VLOOKUP($E12,Word入门,2,FALSE)"，VLOOKUP函数改为搜索 "Word入门" 表格。

One Point

单元格范围名称与表格名称的不同

　　要为单元格范围添加名称需要先选中单元格范围，在名称框输入名称按下Enter键。输入日文名称时，第一次按下Enter键确认输入，第二次按下Enter键确认名称。

　　与表格名称的不同点在于增减数据后名称对应范围的连贯性。无论增减数据，表格名称对应的范围都会自动更新，而单元格范围名称需要手动调整其对应的范围。但添加表格名称需要先把单元格区域转换为表格，相比之下为单元格范围添加名称就简单的多了。所以单元格范围名称在不会再增减数据的情况下用起来十分便利。

想通过邮件发送报价单

▶▶▶把报价单转换为PDF文件后再发送。

　　想把在Excel制成的报价单通过邮件发送时，要先将其转换为PDF文件再发送。因为如果直接发送Excel文件，那么里面的公式都能被看到，而且还有数据改变的风险。PDF文件则不会有数据改变的风险，而且就算没有Excel软件也可以查阅。若有必要直接发送Excel文件时请设置工作表保护，关于工作表保护的讲解在P.177。

设置打印范围

　　把Excel文件转换为PDF文件时，通常都是处于打开状态的工作表成为转换对象。若工作表内只有报价单，那么可以直接另存为PDF文件（→P.134）。若工作表内还有除报价单以外的内容，可以把报价单部分设置为打印范围，然后另存为PDF文件。

◎除去商品编号确认表，仅把报价单设置为打印范围

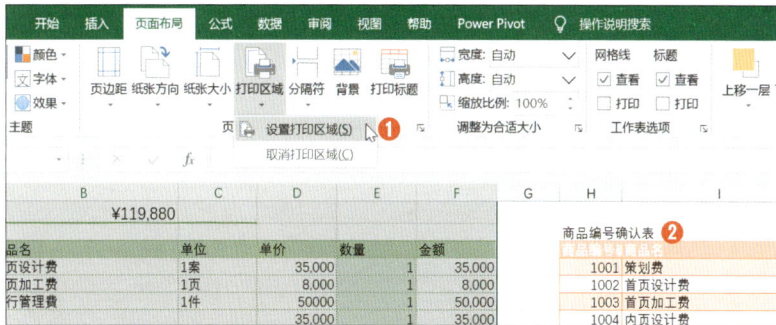

选中报价单范围，选择［页面布局］选项卡下的［打印区域］→［设置打印区域］选项❶，这样报价单旁边的商品编号确认表就被排除在打印范围之外了❷。在此设置的打印范围会成为转换为PDF文件的对象。另外，打印工作表时也只会打印设置打印范围内的内容，除此之外的内容不会打印出来。

转换为PDF文件

　　虽说是转换为PDF文件，但其实与平时保存工作簿的方法基本一致。关键在于把文件格式改为PDF。

◐ "另存为"对话框中的文件格式选为PDF

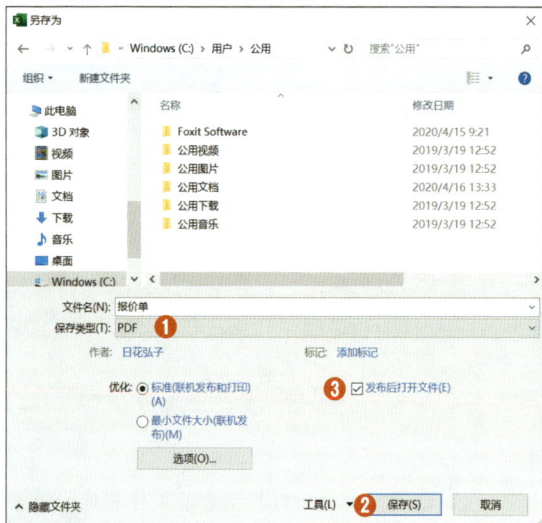

在"文件"选项卡下选择"另存为"选项，或者按下F12功能键。在"另存为"对话框中单击"文件格式"下三角按钮，在下拉列表中选择PDF❶，单击"保存"按钮❷。对话框中还有"发布后打开文件"选项❸，可以在保存完成后立马打开PDF文件。

One Point

如何打开PDF文件

　　要打开PDF文件需要安装PDF阅览器。对Win7而言比较便利的软件是可以免费下载的Adobe Reader。Win8.1则有标配的Adobe Reader，可以用于阅览PDF。Win10可以用自带浏览器（Microsoft Edge）打开PDF文件。另外，手机和平板电脑也有可以阅览PDF文件的免费软件。

第 **7** 章

获取外部数据

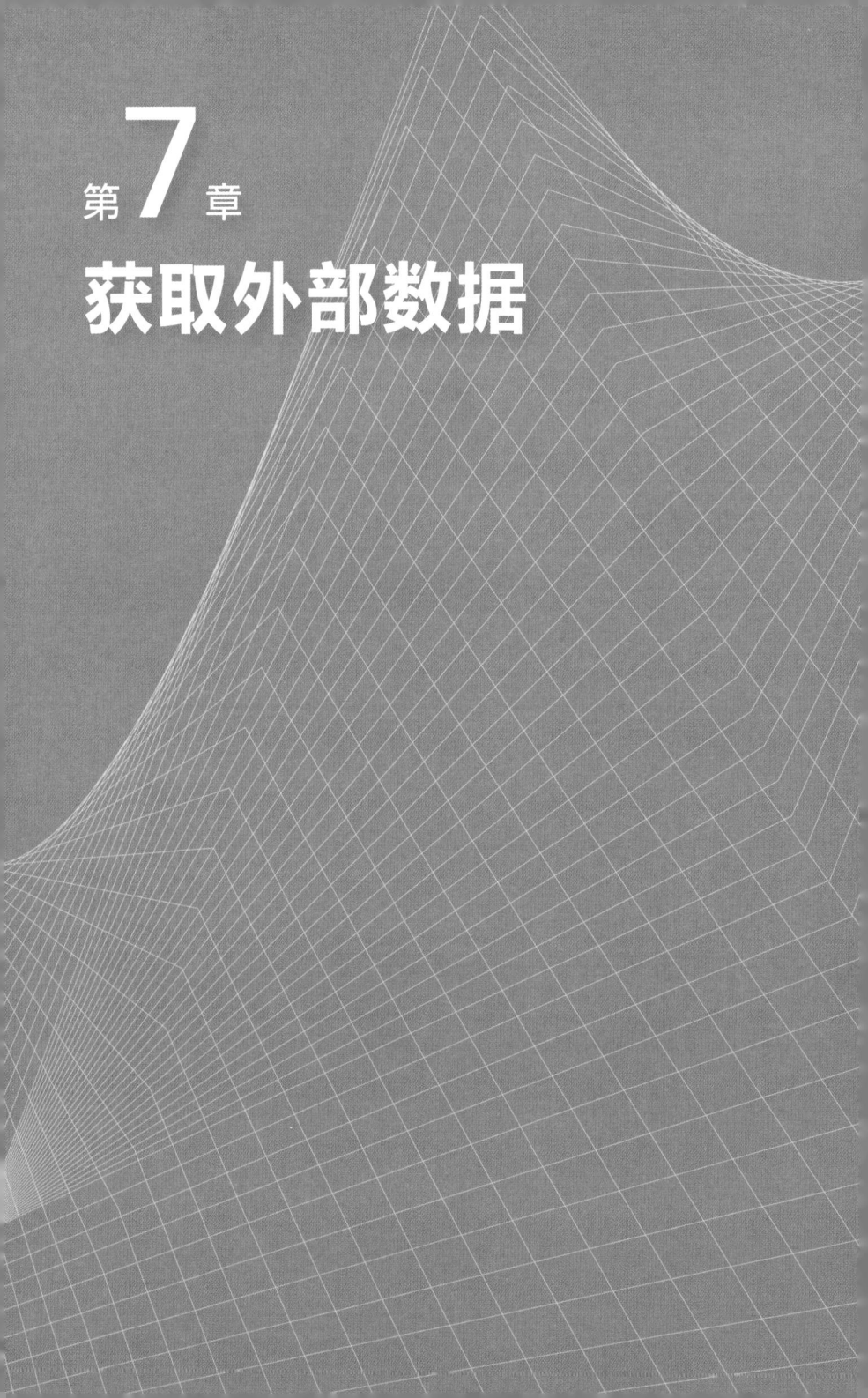

使用非Excel制作的数据

用于统计和制作报表的源数据不一定都在Excel中创建。好不容易做好的数据，如果不能在Excel中打开，那就无法用来统计和制作报表了。此类问题可以通过"CSV格式"解决。

将其他应用程序里的数据输入到Excel里

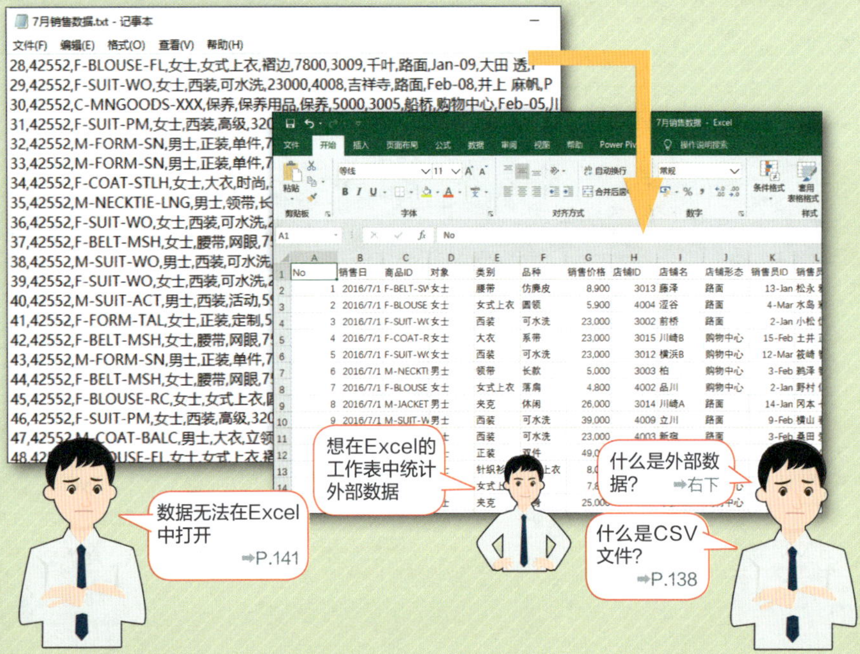

数据无法在Excel中打开
⇒P.141

想在Excel的工作表中统计外部数据

什么是外部数据？
⇒右下

什么是CSV文件？
⇒P.138

▶更多疑问及顾虑

获取网络上的公开数据

在网络上公开的统计数据，有的在网页上可直接查看或者下载文件。用它们结合公司内的数据库，那么数据分析的范围会大幅扩宽。

▶▶外部数据

　　公司内每日都在产生新数据，公司内的数据实际上是十分庞大的。而这些数据的管理方法根据公司和公司规模的不同又是千变万化，不一定都用Excel管理。出于数据的容量和安全性层面的考量，有不少公司把数据导入到核心业务软件来管理。就像这样，即便是自己公司的数据，只要不是用Excel管理的数据，都称为外部数据。另外，像统计数据、调查数据这类公司内部无法制成的数据，多数都公开在网络上。这种从网络上获取的数据也被称作外部数据。

可以使用Excel以外的数据吗？

▶▶▶ CSV文件是Excel和外部数据之间的桥梁。

　　公司内的部分工作要求用Excel读取和分析在Excel外部制成和管理的数据。最常见的是在核心业务使用的软件内管理的交易数据。这些数据基本无法直接用Excel读取。如果公司有专门的信息系统部门，那么请他们把这些数据转换为Excel数据也是可行的，但并不是所有公司都有这样的条件，所以我们应该学会如何用Excel处理外部数据。

　　想要用Excel处理外部数据时，我们需要用到CSV文件来架起Excel与外部数据间的桥梁。基本上所有用于管理数据的软件都能将数据另存为CSV文件，而Excel软件又带有读取CSV软件的功能。

◎CSV文件

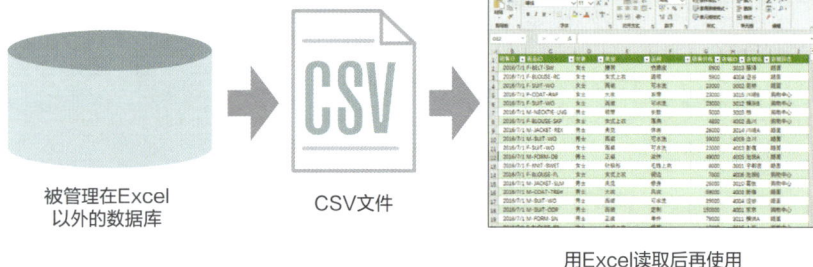

被管理在Excel
以外的数据库　　　　　　CSV文件

用Excel读取后再使用

CSV文件是文件形式的文本信息

　　CSV文件是文本文件的一种。文本文件是一种仅含文本信息的、最基础的文件形式，几乎所有软件都可以处理这类文件形式。将数据转换为文本文件，就能实现在不同软件间处理数据。

　　文本文件也包含了数据的分隔信息。CSV文件用","（逗号）表示分隔，通常叫做"逗号分隔值形式"。这样的文件形式不仅便于切换不同文件读取数据，而且因为里面只含文本，所以就算数据再多，文件也不会占用太多内存。所以，不仅是公司内部的数据，与客户的交易数据、测量装置记录的大量数据等等，无论行业，CSV文件都被广泛使用。因此，进入公司工作后总有一天会接触到CSV文件，所以有必要记住CSV文件的使用方法。

> **One Point**
>
> ### 确认是否采用逗号分隔值形式
>
> 采用逗号分隔值的CSV是Comma-Separated Variables的首字母缩写。除逗号分隔值外，文本文件中还有Tab分隔值（TSV）和空格分隔值（SSV）。说到"已用CSV文件发送数据"，通常是指逗号分隔值形式，但有时候逗号分隔值、Tab分隔值、空格分隔值统称Character-Separated Variables，也叫作CSV。与客户沟通时，为了保险起见，还是确认一下是否是逗号分隔值形式。自己向对方发送数据时也要说清楚"用逗号分隔值形式的CSV发送"为好。

确认CSV文件

首先，我们来看一下Excel文件和CSV文件最明显的区别是"后缀"。"后缀"指跟在文件名后面的文字，根据文件形式而变化。CSV形式的后缀是"csv"，Excel文件的后缀是"xlsx"或"xls"。

◉辨别CSV形式的文件

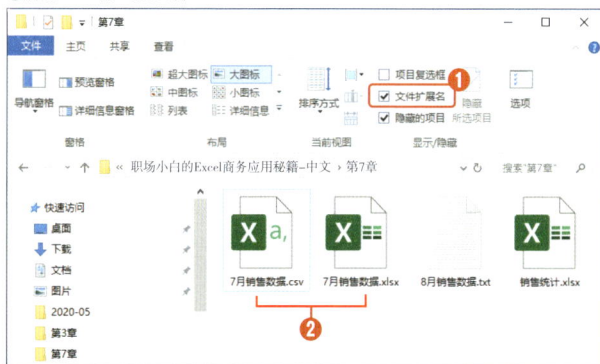

图中是名称相同的CSV文件与Excel文件。CSV文件的图标与Excel文件的图标一样，都有一个大大的"X"，足见CSV文件与Excel文件的兼容性。在［查看］选项卡下勾选［文件扩展名］复选框❶，后缀便会显示出来❷。

接着确认数据。CSV文件内是文本信息，所以可以用文本编辑器打开。CSV文件用"，"分隔数据，另外用换行表示一行。下图便是一件一行的数据。Excel利用这些分隔值，每个"，"间的数据就输入在一个单元格内。但是，由于这还是属于外部数据，所以有时Excel会读取有误（→P.141）。

表示CSV形式的数据

```
7月销售数据.csv - 记事本
文件(F) 编辑(E) 格式(O) 查看(V) 帮助(H)
No,销售日,商品ID,对象,类别,品种,销售价格,店铺ID,店铺名,店铺形态,销售员ID,销
1,2016/7/1,F-BELT-SW,女士,腰带,仿麂皮,8900,3013,藤泽,路面,Jan-13,松永 雅
2,2016/7/1,F-BLOUSE-RC,女士,女式上衣,圆领,5900,4004,涩谷,路面,Mar-04,水
3,2016/7/1,F-SUIT-WO,女士,西装,可水洗,23000,3002,前桥,路面,Jan-02,小松 优
4,2016/7/1,F-COAT-RAP,女士,大衣,系带,23000,3015,川崎B,购物中心,Feb-15,土
5,2016/7/1,F-SUIT-WO,女士,西装,可水洗,23000,3012,横滨B,购物中心,Mar-12,
6,2016/7/1,M-NECKTIE-LNG,男士,领带,长款,5000,3003,柏,购物中心,Feb-03,韩
7,2016/7/1,F-BLOUSE-SKP,女士,女式上衣,落肩,4800,4002,品川,购物中心,Jan-0
8,2016/7/1,M-JACKET-REX,男士,夹克,休闲,26000,3014,川崎A,路面,Jan-14,冈本
9,2016/7/1,M-SUIT-WO,男士,西装,可水洗,39000,4009,立川,路面,Feb-09,横山
10,2016/7/1,F-SUIT-WO,女士,西装,可水洗,23000,4003,新宿,路面,Feb-03,桑田
```

> 启动Windows的"记事本",打开CSV文件。在本图中,第一行是项目名,第二行开始是数据,但也有不含项目名只含数据的情况。数据被","分隔。

请数据库管理者调出数据

公司内部的数据被数据库软件管理时,通常这些数据都会设限。如果每个人都能随意获取数据,那数据的安全性就会受到威胁。所以,我们要通过数据库管理者调出我们需要的数据。这样我们就需要遵循公司的规定,依照流程办理手续。

使用数据时的注意事项

公司应该对数据的使用有着严格的规定。这些规定多属于安全性策略,对可以使用的数据和可以使用数据的人群设限。当然,对数据的带出也有着严密的规定。安全性策略会时常更新,所以必须每次确认。本书多次提到数据属于公司财产,所以在使用数据前必须充分了解数据泄露会引起怎样的后果和危害。

Excel无法顺利读取CSV文件的问题

▶▶▶ 不能双击打开文件。

CSV文件虽然已被应用多年，但还是问题多多。在用Excel读取CSV文件时，可能会遇到以下问题。

① 应该是文字却显示成日期，或者应该是日期却显示成数字
② 电话号码或邮政编码等文本数据开头的0被省略掉了
③ 数字都变成了指数形式
④ 数据乱码
⑤ 分隔有误而且错行
⑥ 弹出"无法放置在一个工作表中"的错误提示

关于1~4点，问题出在Excel对CSV文件的读取上。因为CSV是文本文件，所以不管原本的数据是何类型，CSV文件里只有文本信息。所以用Excel读取时，有必要设置如何读取每列数据。但是，如P.139的图标所示，CSV和Excel是兼容的，所以双击CSV文件后Excel会自动读取打开，这样Excel就会擅自选定数据的种类以及如何读取这些数据，最终引起1~4点问题。所以要用Excel读取CSV文件时，不能直接双击打开，要用文本导入向导打开。

问题1起因于Excel把带有"-"、"/"等符号的数据识别为了日期。问题2起因于Excel把仅由数字构成的数据识别为数值。问题3起因于位数过多便会自动显示指数。问题4起因于这些数据使用了与Excel不同的文件原始格式。另外，4~6包含乱码、分隔有误的问题，起因之一都是CSV文件不符合国际标准、数据未采用标准格式。

在与客户的往来中用到CSV文件时，最好先沟通好是否有文件原始格式和项目名、如何管理分隔值等，但还是有很多无法确定的因素。所以要先决定好使用可以用Excel打开的文件形式，就能省去不少麻烦。

用Excel读取CSV文件

▶▶▶ 通过文本导入向导读取。

　　双击打开CSV文件，或者和打开Excel工作簿一样，在"打开"对话框内选中文件名再打开，都会产生各种各样的问题（→P.141）。

　　使用"文本导入向导"，可以根据画面提示，确认文件原始格式、选择数据类型、删除不需要的项目等等，完整读取数据。

⊙启动文本导入向导

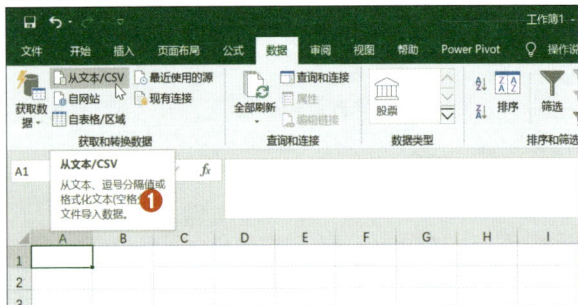

新建工作簿，在［数据］选项卡下的［获取和转换数据］选项组中单击"从文本/CSV"按钮❶。

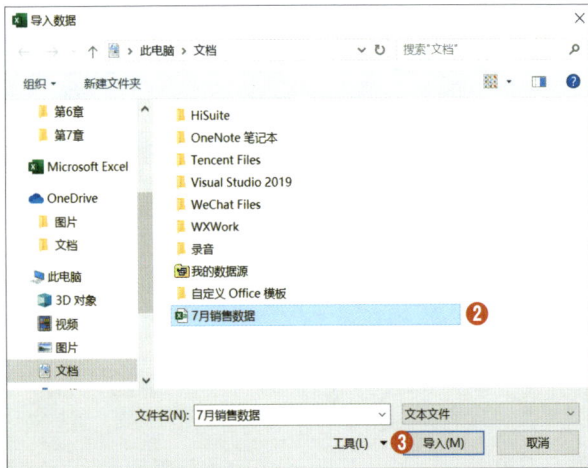

选中CSV文件❷，单击［导入］按钮❸。之后弹出导入界面，显示数据。

One Point

"导入"是什么意思?

"导入"指读取Excel外部的数据。与导入相反，把Excel内的数据用于其它软件读取时叫做"导出"。

◉整理数据读取

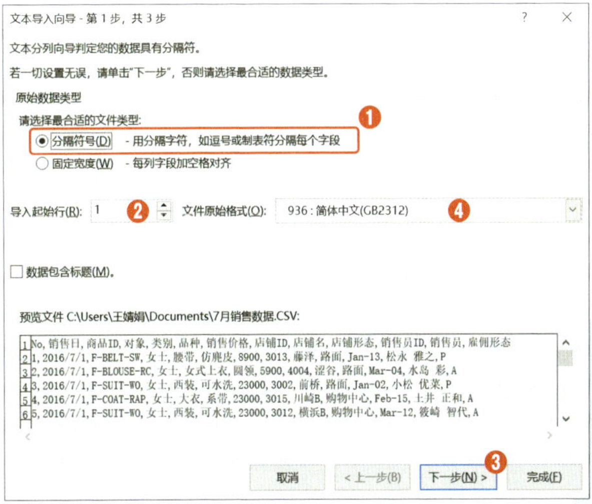

文本导入向导 - 第 1 步，共 3 步 ? ×

文本分列向导判定您的数据具有分隔符。

若一切设置无误，请单击"下一步"，否则请选择最合适的数据类型。

原始数据类型

请选择最合适的文件类型：
- ● 分隔符号(D) - 用分隔字符，如逗号或制表符分隔每个字段 ❶
- ○ 固定宽度(W) - 每列字段加空格对齐

导入起始行(R)：1 ❷ 文件原始格式(O)：936 : 简体中文(GB2312) ❹

☐ 数据包含标题(M)。

预览文件 C:\Users\王婧�\Documents\7月销售数据.CSV:

```
1 No,销售日,商品ID,对象,类别,品种,销售价格,店铺ID,店铺名,店铺形态,销售员ID,销售员,座例形态
2 1, 2016/7/1, F-BELT-SW, 女士, 腰带, 仿鹿皮, 8900, 3013, 藤泽, 路面, Jan-13, 松永 雅之, P
3 2, 2016/7/1, F-BLOUSE-RC, 女士, 女式上衣, 圆领, 5900, 4004, 涩谷, 路面, Mar-04, 水岛 彩, A
4 3, 2016/7/1, F-SUIT-WO, 女士, 西装, 可水洗, 23000, 3002, 前桥, 路面, Jan-02, 小松 优菜, P
5 4, 2016/7/1, F-COAT-RAP, 女士, 大衣, 系带, 23000, 3015, 川崎B, 购物中心, Feb-15, 土井 正和, A
6 5, 2016/7/1, F-SUIT-WO, 女士, 西装, 可水洗, 23000, 3012, 横滨B, 购物中心, Mar-12, 筱崎 智代, A
```

取消 < 上一步(B) 下一步(N) > ❸ 完成(F)

选中[分隔符号-用分隔字符，如逗号或制表符分隔每个字段]单选按钮❶，把[导入起始行]设为[1]❷，单击[下一步]按钮❸。文件原始格式也可在此设置和确认❹。

↓

文本导入向导 - 第 2 步，共 3 步 ? ×

请设置分列数据所包含的分隔符号。在预览窗口内可看到分列的效果。

分隔符号
- ☑ Tab 键(T)
- ☐ 分号(M) ❺ ☐ 连续分隔符号视为单个处理(R)
- ☑ 逗号(C) 文本识别符号(Q)： "
- ☐ 空格(S)
- ☐ 其他(O)：

数据预览(P)

No	销售日	商品ID	对象	类别	品种	销售价格	店铺ID	店铺名	店铺形态	销售员ID	销售员
1	2016/7/1	F-BELT-SW	女士	腰带	仿鹿皮	8900	3013	藤泽	路面	Jan-13	松永 雅之
2	2016/7/1	F-BLOUSE-RC	女士	女式上衣	圆领	5900	4004	涩谷	路面	Mar-04	水岛 彩
3	2016/7/1	F-SUIT-WO	女士	西装	可水洗	23000	3002	前桥	路面	Jan-02	小松 优菜
4	2016/7/1	F-COAT-RAP	女士	大衣	系带	23000	3015	川崎B	购物中心	Feb-15	土井 正和
5	2016/7/1	F-SUIT-WO	女士	西装	可水洗	23000	3012	横滨B	购物中心	Mar-12	筱崎 智代

取消 < 上一步(B) 下一步(N) > ❻ 完成(F)

勾选[分隔符号]选项区域中的[逗号]复选框❺，在数据预览处确认数据是否被正确分隔，单击[下一步]按钮❻。

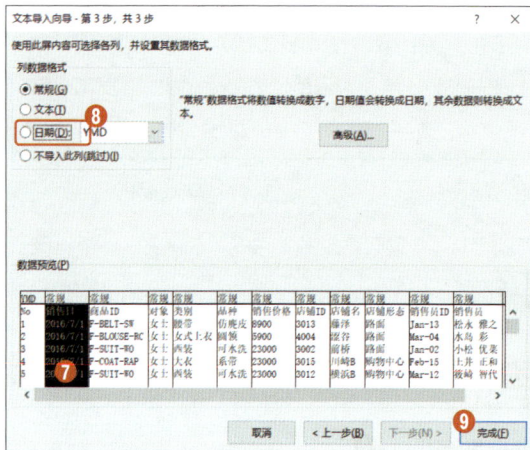

决定每个项目的数据格式。选中"销售日"列❼，在［列数据格式］选项区域中选择［日期］单选按钮❽。选中不需要的列，然后选择［不导入此列］单选按钮，单击［完成］按钮❾。

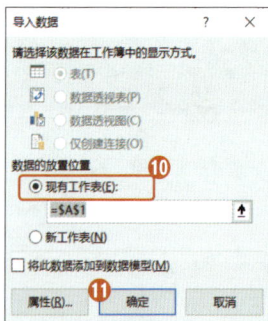

在［数据的放置位置］选项区域中选择［现有工作表］单选按钮❿，单击［确定］按钮⓫。

数据形式已被整顿好，不需要的项目也已被删除，成功在Excel读取数据。

读取完毕后下一步是什么?

确认读取后的数据是否正确按照项目填入了单元格内。成功读取后,首先前往设置表格(→P.54)。数据的第一行是项目行,接着不要忘记保存。不仅仅是新增文件名称,而是保存为Excel文件即工作簿。

COLUMN 为什么特地用Excel读取?

可能有人认为既然数据已经在数据库软件内,就没有必要用Excel打开数据。数据库软件便于关联数据库和统计数据,从这一点来看,确实没有必要用到Excel。那么,为什么我们还要特地用Excel打开数据呢? 简单来讲,因为有一些事情只有Excel能够实现。这不仅仅指功能层面,还有应用层面。

在精心设计下,数据库软件中构建有业务必需的数据库,可以针对业务内容进行数据积累、统计和输出。因为是与业务直接挂钩的数据,所以必然被高效管理。相比之下,Excel对数据的处理方式则很大程度上因人而异,操作者会根据自己的想法对数据做不同的处理。换句话讲,Excel的自由度更高。

在拥有大型数据库的公司,多数情况下,数据管理由数据库软件实现,而数据积累和分析则由Excel实现。这种情况下,用Excel读取CSV形式的数据就是一项频繁的工作了。

数据没有正确显示时怎么办

在"文本导入向导"中,可以设置CSV文件内数据的分隔、类型(文字、数值等)、文本编码等来让Excel读取。使用这项功能就能解决CSV文件中常常出现的问题。特别针对文字乱码的原因即文字编码"UTF-8",由于直接双击打开CSV文件所以出现乱码,只要使用"文本导入向导"就能在一开始就识别为"UTF-8",所以通常不需要再去更改文字编码。

但有时还是会出现问题。比如数值从中间被分开、出现错误提示(→P.141的问题5和6)。就数值从中间被分开的情况而言,是因为CSV文件用逗号分隔数据,而比如"10,000"中的数位分隔符也是逗号,所以该数据就被分成了两半。虽然可以用函数把分开的两半合起来修正数据,但我们不能这么做,因为我们无法保证自己可以找到全部错误,以及修正后再次确认是否全部修正完毕。数字被分开等数据本身的形式出现问题的情况,起源于从数据库调出CSV

文件时。再追根究底，问题出在制作数据库中的数据的时候。所以我们应该寻找在这个环节解决问题的对策，否则，每次读取数据时都会碰到同样的困扰。收到CSV文件后，我们要判断该文件是否有返工修改的必要，而利用"文本导入向导"后还是读取异常的情况就是需要返工修改的第一个信号。

　　虽然CSV文件没有相关的国际标准规格，但是有被认定为事实标准的名为RFC4180的规格明细。根据此标准，像"10,000"这样含有逗号但不需要分隔的数据，要用双引号括起来，写作 ["10,000"]。另外规定了有用换行分隔行等通用格式。另外，想要找出CSV文件的问题出在哪里时，用记事本等编辑器打开CSV文件来确认数据本身，也是一种有效方法（→P.140）。下图的例子中，用"文本导入向导"设定好读取方式后还是弹出了错误提示。打开记事本便能发现原因在于数据间缺少换行来分隔行。

⬇ 用记事本确认数据，寻找错误原因

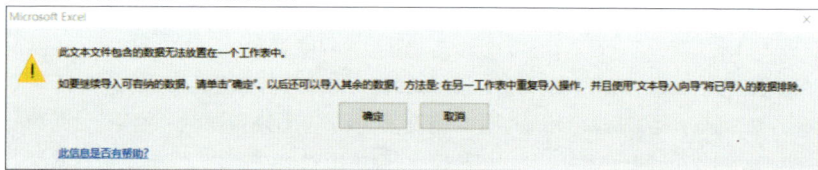

"此文本文件包含的数据无法放置在一个工作表中"为寻找其原因，打开记事本，发现所有的数据都被放在一行内。

想要使用网络上的公开数据

▶▶▶ 要使用网络上的数据，需要依据公开数据的类型使用数据。

    网络上有多种多样的数据。要想利用这些数据，首先需要用Excel读取它们，而读取方法则因数据类型而异。有的数据在网页上以表格形式直接显示，有的以CSV形式或Excel工作簿形式提供。

    如果是网页上直接显示的表格，可以复制粘贴到Excel工作表中。但是使用此方法后，一些多余的数据也会复制过来，需要自行在Excel中整理。若以文件形式提供数据，可以下载后使用。

⊕气象厅公布的数据

北京天气预报,北京7天天气预报	×	+

中国天气网	http://www.weather.com.cn/weather15d/101010100.shtml

天猫商城　淘宝团购　品牌打折

周四 (21日)		晴转明	30℃/15℃	西北风	4-5级转<3级
周五 (22日)		阴转晴	27℃/13℃	西北风转西南风	<3级
周六 (23日)		多云转阴	32℃/14℃	西风转北风	3-4级转<3级
周日 (24日)		晴转多云	31℃/16℃	东北风转北风	<3级
周一 (25日)		阴转多云	29℃/15℃	西北风	<3级

在网页上以表格形式公开的数据，可以复制需要的数据后使用。

COLUMN 使用网络上公开数据时的注意事项

    对公开的数据，也就是可以免费使用的数据，应该首先衡量其可靠度。我们知道信息就是金钱，所以能够产生利益的数据，特别是市场动向的调查结果、顾客信息等通常都由专门的公司有偿提供。

    需要下载数据时，我们无法确定下载下来的文件中含有什么内容。不排除是恶意文件的可能。所以只在可以信赖的网站上下载，还要加上病毒检查。

    另外，不管免费与否，数据的使用可能也有所限制，请从网站的使用规定中确认。

使用复制网页上的数据

在网页上显示的数据要复制到Excel之后才能使用。但是，这样常常会使一些多余的信息也被复制过来，这没有听起来那样简单。想要利用网页上的数据，就需要把它们复制到新的工作表中后再进行整理。

◎把数据从网页复制粘贴到Excel

选中网页上的数据，然后复制粘贴到新的Excel工作表中。粘贴数据时，选中［开始］选项卡下的［粘贴］→［匹配目标格式］选项，这样就能免除文字修饰等多余的信息。

One Point

首先查找官方机构提供的数据

官方机构会公布许多可以免费使用的数据。总务省统计局的网页上提供了从国情调查、家庭调查到人口调查、消费状况调查等多种多样的数据。另外还有气象厅公布的气象数据，经济产业省公布的与经济活动有关的数据等等，先在官方机构处寻找有没有可以利用的数据吧。

公开的数据可以用来做什么？

公司内积累的数据多为业务运转产生的数据。在统计、分析这些数据时，若是加上一些公开的统计数据，就能打破公司内部视角，从全新的视角分析数据。

比如，统计销售金额后发现有些周期内销售金额会出现大幅波动。如果能找到其中的原因，也许就能保证稳定的销售额。这时就需要列举出所有可能的原因，然后找到与它们有关的数据并加以分析。找到其中的关联性，也许就能有效提高销售额。一个常见的例子是店铺销售额与气象数据的关联性。想要分析气温、湿度与销售额变化的关系，就需要气象厅公布的气象数据为我们提供帮助。

⏱为销售数据添加气象数据进行分析

	A	B	C	D	E	F	G	H	I
1	日期	星期	平均气温	最高气温	最低气温	销售金额	客人数量	客人单价	
2	2016/8/1 一		27.4	31.5	24.6	57,390	25	2,296	
3	2016/8/2 二		25.9	29.4	22.5	38,380	16	2,399	
4	2016/8/3 三		26.8	32	23.4	32,100	10	3,210	
5	2016/8/4 四		28.1	33	24.4	56,223	24	2,343	
6	2016/8/5 五		28.7	33.4	24.6	56,504	20	2,825	
7	2016/8/6 六		29.1	34.2	25.8	38,578	15	2,572	
8	2016/8/7 日		28.6	33.6	24.5	73,279	32	2,290	
9	2016/8/8 一		28.5	33.2	25.3	89,025	41	2,171	
10	2016/8/9 二		31.9	37.7	25.7	245,920	75	3,279	
11	2016/8/10 三		29.1	34	26	269,500	82	3,287	
12	2016/8/11 四		27.3	32.1	25.2	63,385	28	2,264	
13	2016/8/12 五		26.7	31.9	24.2	56,794	24	2,366	
14	2016/8/13 六		26.5	31.8	23.3	41,811	17	2,459	
15	2016/8/14 日		26	30.4	23.5	68,573	30	2,286	
16	2016/8/15 一		26.6	30.8	24.4	51,223	22	2,328	
17	2016/8/16 二		26.9	33.1	23.7	74,431	33	2,255	

销售统计

想要寻找销售金额变化的原因。加入实际的气温、湿度等气象数据，探究关联性。

通过统计、分析数据提出具有说服力的提案

　　公开的统计数据是为报告书、企划书、提案书提高说服力的强大帮手。若是开发新商品的提案，就必须强调该商品很可能提高销售额，这时就需要具有说服力的数值来帮忙。比起"市场规模巨大"，"市场规模达到一兆日元"更有冲击力。网络上提供的数据除了有未经处理的原始数据外，还有经过研究所调查和分析的数据。使用这类数据可以省去调查和分析的工夫。所以尽量依照自己的目的去寻找和利用这类数据吧。

　　使用公开的数据时，我们还需要标明数据的参考来源。若来源是政府机关或者有名的智囊团，那说服力也会大幅增加。另外，若使用调查数据，应标明调查方法、调查对象和调查时间。

One Point　如何使用下载的数据

　　有一些数据可以在网络上下载。统计数据多数以CSV形式或Excel工作簿形式提供。只要下载下来就能直接使用。但许多Excel工作簿可能采用的是较旧的xls文件形式。打开此类文件后Excel会进入兼容模式，虽然文字和数值等数据本身不会出现问题，但Excel的功能会受到限制。要解决此问题，单击［文件］标签，选择［另存为］，保存为新的文件形式。

术语解说　市场规模

某个行业或商品在一年内的销售总额，是表示行业或商品市场大小的指标。

术语解说　智囊团

聚集了来自各类领域的专家的研究机构，致力于调查、分析、研究、提议等。在日本有名的研究机构有野村综合研究所、三菱综合研究所等。

有必要多次导入有变化的数据吗?

一些在网络上公开的数据会频繁地更新，比如汇率、气象预报等数据。这类随时间发生变化的数据若要每次都重新导入也是件麻烦事。只要使用“Web查询”功能就能自动定时更新数据。但要注意的是，该功能不适用于所有网页。单从网页无法判断该功能是否可行，尝试以下方法就能快速分辨该网页是否可以使用“Web查询”功能。要启动该功能，需要单击［数据］选项卡下［获取和转换数据］选项组的［自网站］按钮。

通过”Web查询”导入数据

货币名称	现汇买入价	现钞买入价	现汇卖出价	现钞卖出价	中行折算价	发布日期
阿联酋迪拉	null	186.43	null	200.28	193.15	.
澳大利亚元	455.27	441.13	458.62	460.65	457.92	.
巴西里亚尔	null	115.72	null	131.39	120.52	.
加拿大元	501.79	485.95	505.49	507.72	503.45	.
瑞士法郎	727.04	704.6	732.14	735.28	729.86	.
丹麦克朗	102.51	99.34	103.33	103.83	102.94	.
欧元	764.91	741.15	770.55	773.03	767.65	.
林吉特	162.83	null	164.3	null	163.95	.
挪威克朗	69.43	67.29	69.99	70.32	69.84	.
新西兰元	423.13	410.08	426.11	431.97	425.6	.
菲律宾比索	14.01	13.53	14.17	14.81	14.1	.
卢布	9.54	8.96	9.62	9.98	9.6	.
沙特里亚尔	null	183.63	null	194.13	188.85	.
瑞典克朗	71.89	69.67	72.47	72.82	72.31	.

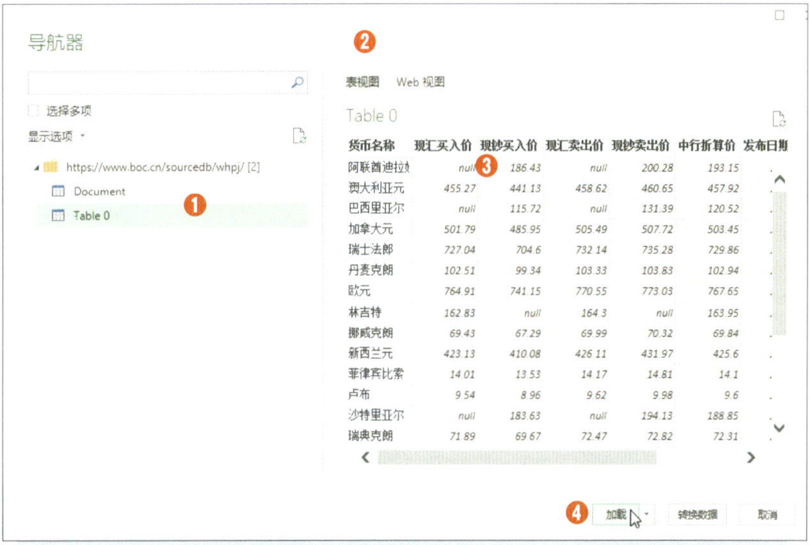

打开［从Web］面板，输入网站地址，单击“确定”按钮。打开“导航器”对话框，选择“Table 0”选项❶，在左侧“表视图”❷中显示网站中表格内容❸。单击“加载”按钮❹。即可将网站数据导入Excel中。

One Point

Web查询中无法导入数据的情况

只有网页上显示“→”的区域才能使用“Web查询”自动导入数据。导入对象仅有表格和文本。所以出于网页设计的原因，有的网页无法使用“Web查询”功能导入数据。

COLUMN 把PDF形式的表导入Excel

上市公司有义务公开其决算报告书，通常可在公司主页的"IR信息"处找到。决算报告书可以用于分析竞争公司，不过几乎所有决算报告书都以PDF形式记载数据。实际上要用Excel处理PDF表格是件相当麻烦的事情，如果单纯复制粘贴，那一行的数据可能都会粘贴到一个单元格内。用"文本导入向导"设置分列位置倒是一种可行的办法，但决算报告书内还有一些多余的信息，比如"*1"等注意事项，要把这些也剔除掉更是加大了工作量。

解决以上问题的方法之一是用PDF编辑器Adobe Acrobat导入表格。打开PDF形式的决算报告书，选中需要的表格然后单击右键，选择"在电子表格软件中打开表"命令后选中区域就会保存为Excel文件。根据原始表格的结构，转换Excel文件后其格式可能多少有些变化，但还是省去了不少麻烦。

还有一些专门用于把PDF文件转换为Excel文件的软件和网页服务，转换方法和精确度也各不相同。多数情况下都有免费试用的机会，所以可以先使用一次试试。

在日本，使用金融厅的EDINET，可以通过公司名称或股票代码等搜索IR信息，下载PDF或XBRL形式的文件。想要同时获取多个企业的信息时，该方法最为便利。XBRL形式带有与浏览器关联的HTM文件，所以把该文件的图表拖曳至Excel的新工作簿中就能迅速读取数据。虽然其他内容也会被一并读取，但是表格的形式不会被改变，所以可以把表分离出来做数据分析。

术语解说 **IR信息**

IR（Investor Relations）信息指公司面向投资者公开的经营状况、财务状况、业绩动向等内容的报告，以及宣传活动。

第**8**章

理解由他人制作的表格的构造

通过表格解读公司的财务状况和业绩

股份公司一年至少会制作一次财务决算报表。如果能读懂财务报表中的资产负债表和利润表，就能掌握公司的业绩和财务状况。所以无论你在哪个部门工作，都最好学会读懂财务报表。

资产负债表

	A	B	C	D
1	上期 资产负债表（B/S）			
2	资产		负债·纯资产	
3	流动资产	78,000	流动负债	68,000
4	现金·存款	33,000	应付账款	44,000
5	应收账款	35,100	短期借款	24,000
6	贷款损失储备金	-100	固定负债	82,000
7	商品	10,000	长期借款	60,000
8	固定资产	122,000	公司债券	
9	房屋	120,000	负债合计	
10	累计折旧	-20,000	实收资本	
11	备品	30,000	盈余公积	
12	累计折旧	-12,000	纯资产合计	
13	有价证券投资	4,000	纯资产合计	
14	资产合计	200,000	负债·纯资产	
15				

财务分析？
➡右下

	A	B	C	D
1	当期 资产负债表（B/S）			
2	资产		负债·纯资产	
3	流动资产	83,500	流动负债	76,000
4	现金·存款	32,500	应付账款	50,000
5	应收账款	31,100	短期借款	26,000
6	坏账准备金	-100	固定负债	74,000
7	商品	20,000	长期借款	54,000
8	固定资产	121,500	公司债券	20,000
9	房屋	120,000	负债合计	150,000
10	累计折旧	-24,000	实收资本	50,000
11	备品	33,000	盈余公积	5,000
12	累计折旧	-15,600		
13	有价证券投资	8,100	纯资产合计	55,000
14	资产合计	205,000	负债·纯资产合计	205,000
15				

不太明白表的结构
➡P.159

▶▶更多疑问及顾虑

▶▶更多需要学会的财务报表

	A	B
1	当期 利润表(P/L)	
2	销售收入	300,000
3	销售成本	225,000
4	销售总利润	75,000
5	销售成本 管理成本	52,400
6	折旧成本	7,600
7	营业利润	15,000
8	营业外利润	1,500
9	营业外成本	3,000
10	经常利润	13,500
11	特别盈亏	0
12	税前当期纯利润	13,500
13	法人税等	4,050
14	当期纯利润	9,450
15		

解读公司业绩的利润表

	A		D	E
	当期 现金流量表（CF）			
	▼营业活动CF		▼投资活动CF	
	税前当期纯利润	13,500	固定资产增加额	-3,000
	折旧成本	7,600	投资有价证券的购入支出	-4,100
	坏账准备金	0	投资活动CF	-7,100
	营业外成本	3,000		
	营业外利润	-1,500	▼财务活动CF	
9	特别利润	0	短期借款收入	2,000
	特别损失	0	长期借款还款	-6,000
10	应收账款减少额	4,000	公司债券偿还	-2,000
11	库存资产(商品) 增加额	-10,000	股息支付额	-4,450
12	应付账款增加额	6,000	财务活动CF	-10,450
13	小计	22,600		
14	营业外收入	1,500		
15	营业外支出	-3,000		
16	法人税等	-4,050		
17	营业活动CF	17,050		

解读公司现金流量的现金流量表

▶▶使用Excel，财务分析也能简单做到！

　　资产负债表和利润表中记载的数字、利润性、效率性、安全性都能用加减乘除的简单计算来确认。如果有了现金流量表，还能把握资金的动向。在考虑资金流动时，调用借款获得资金就算作增，偿还借款失去资金就算作减。这种思路与Excel的财务函数是共通的。

> **术语解说**
>
> ### 财务报表
>
> 为与公司的财务状况和业绩有利害关系的人士提供的报告文件，类似于学校的通信簿。任何行业的财务报表都具备共同的雏形，但是是否具有制作报表的义务取决于公司的规模和业态。股份公司具有制作资产负债表和利润表的义务。

财务报表中应该优先查看什么表？

▶▶▶ 资产负债表、利润表以及现金流量表。

　　资产负债表又称财务状况表，英文为Balance Sheet，取英文首字母简称"B/S"。利润表又称损益表，英文为Profit and Loss Statement，同样取英文首字母简称"P/L"。现金流量表的英文为Statement of Cash Flows，简称"C/F"。这三种表十分重要，合称为财务三表。

通过资产负债表了解公司的经营状况

　　如果自己创业经营公司，都需要些什么呢？无论什么行业，首先肯定需要钱。通常这时候自己的存款是不够用来经营公司的，所以要先向银行等金融机构贷款，或从认同你的创业项目的人士那里获得融资，确保手头有足够的钱。用这些钱就可以购入公司需要的各种东西。资产负债表显示公司从哪里获得资金（资金的筹措）、把资金用在了哪里（资金的运用），展示截至决算日为止的公司资产状况。

🔄 公司的经营状况与资产负债表的关联

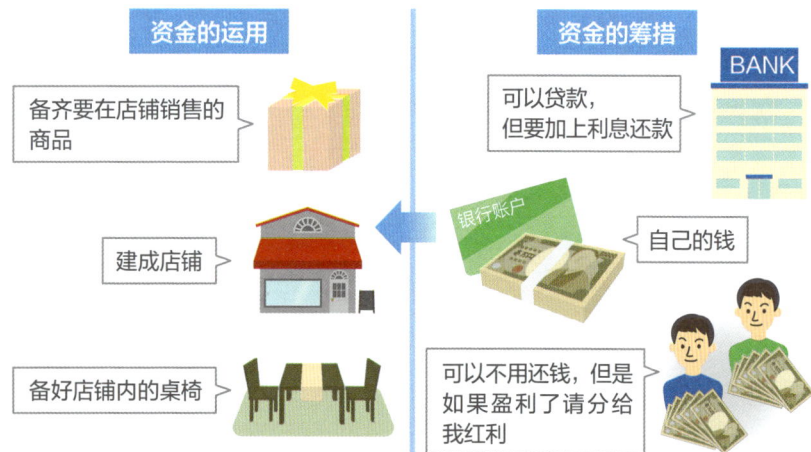

资金的运用

备齐要在店铺销售的商品

建成店铺

备好店铺内的桌椅

资金的筹措

BANK

可以贷款，但要加上利息还款

银行账户　自己的钱

可以不用还钱，但是如果盈利了请分给我红利

通过利润表了解公司的盈利状况

公司把筹得的钱用来做生意，可能会获得利润，也可能会产生亏损。展示获得了多少收益或者亏损了多少的就是利润表。利润和损失要在公司经营一段时间后才能求出，所以通常一年计算一次利润表。另外，收益和亏损要从收入中除去成本来计算。通常，收益和销售额相等，除此之外还可能有从股份投资中获得的红利或一些副业收入。收益包含在本业和本业以外获得的所有资金。

⊙通过利润表了解公司的收益和成本

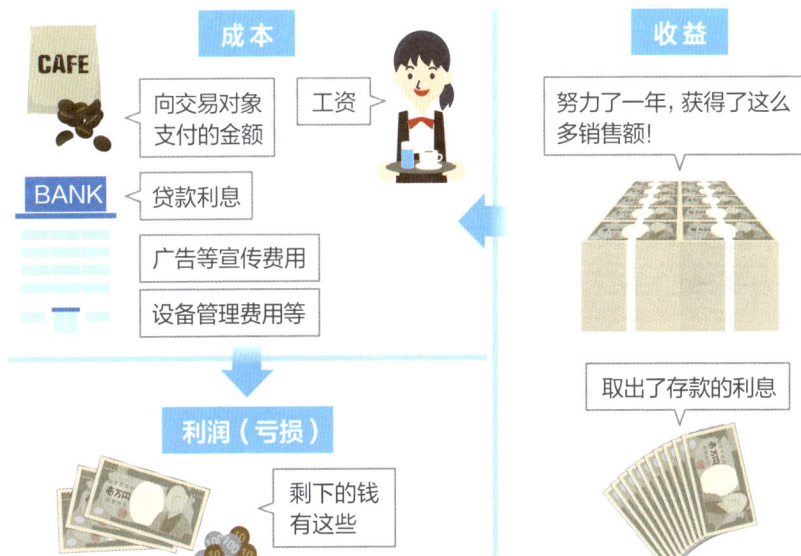

通过现金流量表了解公司的现金流向

日常生活中使用的现金在购入商品和服务时就从我们的手中流走了，但在商业活动中，赊账是普遍现象。赊账后，获得商品、服务的时间与现金往来的时间就会产生错位。比如，卖出100个100元商品时会记下"销售额10000元"，但距离实际取得金钱还有一段时间。这时就需要现金流量表来解释清楚一定时期内（通常是一年间）现金和现金等价物的增减。可以把现金流量表理解为记录现金往来的存折。但是，一般的存折是根据时间来记录金钱的往来，而现金流量表根据公司的活动把现金往来分成三类来记录。

● 公司三种活动的现金流量

营业活动的现金流入和现金流出

用现金收取了咖啡的费用，所以记作现金流入

向交易对象支付了咖啡豆的费用，所以记作现金流出

投资活动的现金流入和现金流出

收取了旧桌子的转让费用，所以记作现金流入

支付了新桌子和新椅子的费用，所以记作现金流出

财务活动的现金流入和现金流出

从银行借款拿到了现金，所以记作现金流入

向股东支付了红利，所以记作现金流出

术语解说

现金以及现金等价物

现金除了拿在手里的现金外，还包括可以马上变为现金的活期存款。现金等价物指很容易变为现金、只有小幅风险的短期投资，比如为期只有三个月的短期定期存款。

术语解说

风险

风险可以理解为危险性、不确定性。不确定性指不知道未来会发生什么。换句话讲，有可能盈利也有可能亏损，无论哪种情况都算是有风险。盈亏的幅度越大风险越高，又叫"高风险"。

了解资产负债表的结构

▶▶▶右半部分展示资金的筹措，左半部分展示资金的运用，左右应为等额。

资产负债表（B/S）的右半部分又分为从他人借来的"负债部分"和自己的资金，即"纯资产部分"。左半部分展示右半部分资金的使用途径，即"资产部分"。资产负债表的英文Balance Sheet表示表的左右两边显示相同的金额，也就是说以下等式应当成立。

资产部分=负债部分+纯资产部分

○资产负债表（B/S）的结构

资金运用◀━资金筹措

资产部分	负债部分
·流动资产	·流动负债
·固定资产	·固定负债
	纯资产部分
	·注册资金
	·盈利

在某些行业，利润会成为下一年的本金，记入纯资产部分的注册资金。根据是否可以立马变现，负债部分和纯资产部分又可分为流动和固定。

术语解说 **流动资产与固定资产**

流动资产指现金、存款、应收账款、应收票据、商品（存货）等预计在一年以内现金化的资产。固定资产指土地、房屋、设备等公司长期使用的资产。

术语解说 **流动负债与固定负债**

流动负债指应付账款、应付票据、短期借款等预计在一年内以现金形式偿还的债务。固定负债指偿还期限超过一年的来自金融机构的长期借款。

通过资产负债表能了解到什么？

▶▶▶ 可以了解到公司短期和长期的安全性。

在资产负债表中要注意以下6个合计金额，通过这6个金额可以确认公司的安全性。

◉在资产负债表中需要关注的6个合计金额

资产部分	负债部分
· 流动资产 ▲ ▲ ▲ ▲ ▲ ▲ ▲ ▲ （流动资产合计） · 固定资产 ▲ ▲ ▲ ▲ ▲ ▲ ▲ ▲ （固定资产合计）	· 流动负债 ▲ ▲ ▲ ▲ （流动负债合计） · 固定负债 ▲ ▲ ▲ ▲X （固定负债合计） **纯资产部分** · 注册资本 · 盈利 （纯资产合计）
（资产合计）	（负债、纯资产合计）

左图中共有7个合计，但资产合计和负债、纯资产合计是等额的，所以算作一个合计。实质上只有6个合计。

通过流动资产和流动负债确认短期安全性

流动资产是预计一年内现金化的资产，流动负债是预计一年内以现金偿还的资产。所以，如果"流动资产＞流动负债"，那么现金化得来的资产可以用于偿还债务，所以短期内公司的财务安全没有问题。相反，如果"流动资产＜流动负债"，那么如果不想办法筹措资金就有偿还不上债务的风险。显而易见，无法偿还债务对公司而言不是什么好事。像这样比较流动资产和流动负债的大小是一种办法，另外在财务分析中，人们会计算流动资产占流动负债的比例，即流动比例，确认公司财务的安全性。若流动比例在100%以上，就可以用流动资产偿还流动负债。

流动比例=流动资产÷流动负债

一般而言，若流动比例在200%以上，可评定为安全性高；若不足100%，则评定为支付能力不佳。但200%仅仅是理想值，实际数值依行业而异，平均在120%~150%之间。

■ 通过纯资产与总资产的比例确认长期安全性

纯资产是没有偿还义务的自有资本。若自有资本在总资产中占比越高，可以评定为基于无需负债的资金筹措，公司财务具有较高的长期安全性。相反，如果资金筹措中借款占比大，偿还借款和利息的负担加重，公司倒闭的风险就会增高，即公司财务的长期安全性较低。

在财务分析中，自有资本在总资产中的占比被称为自有资本比例，是判断公司财务长期安全性的依据。

自有资本比例=纯资产合计÷负债、纯资产合计

自有资本比例依行业不同变化较大，所以没有统一的标准值。比较竞争公司或同行公司的自有资本比例可以推断公司的安全性。

公司存在借款不代表不好，与没有借款的公司相比，有借款可以提高公司价值，节省税款。所以不能绝对地认为100%自有资本的公司比存在借款的公司要好。借款也有许多好处，比如公司可以进行设备投资，开展新的业务。

One Point

通过活期资产更严谨地确认短期安全性

流动资产下的商品，即库存资产，指的是存货。也就是说这些是卖不出去就无法实现现金化的资产。这时，就要假设这些库存都没有卖出去，比较一定能够现金化的资产和流动负债来确认短期安全性。一定能够现金化的资产被称为活期资产。在财务分析中，通过计算活期资产在流动负债中所占的比例，即活期比例，来确认活期资产是否能够偿还流动负债，也就是确认活期比例是否超过100%。

活期比例=活期资产÷流动负债

活期资产指现金存款、一定能够收取的应收账款和应收票据、有价证券。

用Excel计算短期安全性和长期安全性

只要有了资产负债表，可以马上用简单的除法算出短期安全性和长期安全性。最好不要只计算一次，应该每一期都计算一下为好。不仅因为安全性一直处于变化之中，而且这样可以求得公司自身的安全性基准值，不再单单以一般标准作为依据。

下图中，当期的商品（库存）与流动负债增加，流动比例和活期比例比上一期恶化，可见短期安全性下降；但是自有资本比例增加，可见长期安全性良好。只要克服短期的问题，就可以被评定为长期安全。可以采取的改善对策有努力卖出商品使其现金化或用长期借款充当短期偿还金，减轻偿还短期借款的负担。

◐基于资产负债表的安全性分析

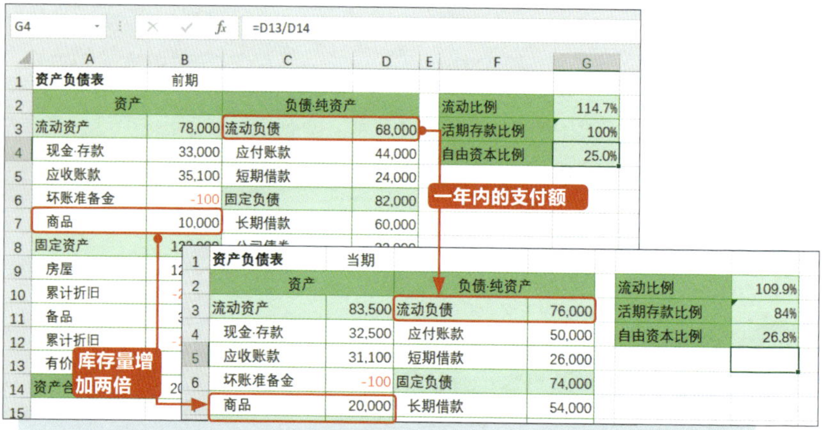

该图展示前期与当期的B/S。流动比例由"=B3/D3"公式计算。自有资本比例由"=D13/D14"公式计算。求活期比例时，先用SUM函数计算商品以外的合计金额，再除以流动负债数据，输入"=SUM(B4:B6)/D3"公式。

术语解说

坏账准备金

在赊账的情况下，公司会先提供商品或服务，之后再收取钱款。虽然大部分情况下都能收取到账款，但也要做好交易对象破产倒闭、无法回收账款的准备。这种情况就叫做坏账。坏账准备金不代表一定会发生坏账，只是做到未雨绸缪，先行准备好一些钱款用来抵补一部分未能现金化的资产。

通过利润表能了解到什么?

▶▶▶根据公司的五项收益和亏损，判断公司的盈利性。

利润表（P/L）呈现了反复展示"收益-成本=利润"，最后得出最终利润（亏损）的构造。从上至下看，可以确认利润（亏损）的产生过程。

○利润表的构造

销售额	收益	1,000	商品、服务等主要业务的销售额
销售成本	成本	▲400	商品采购和制造的成本
销售总利润	利润	600	销售额减去销售成本后的利润（毛利润）
销售管理成本	成本	▲350	宣传活动费、工资、租借费、折旧费等在主要业务的营业活动中花费的成本
营业利润	利润	250	销售总利润减去销售管理成本后的利润，也就是从主要业务中赚得的钱
营业外收益	收益	50	经营公司的过程中产生的主要业务以外的收益，包括存款利息和红利等
营业外成本	成本	▲100	经营公司的过程中产生的主要业务以外的成本，包括借款利息
经常利润	利润	200	营业利润加上营业外收益，再减去营业外成本后的利润。这是每年公司的经营活动所产生的利润
特别利润	收益	20	临时产生的收益，比如固定资产的转卖收益
特别亏损	成本	▲40	临时产生的成本，比如固定资产的转卖亏损
税前当期纯利润	利润	180	经常利润加上特别利润，再减去特别亏损后的利润
法人税等	成本	▲55	根据利润应缴纳的税款
当期纯利润	利润	125	最终利润，给股东们的红利就用此支付。成为下期本金的部分会记入资产负债表的纯资产部分

应当关注的利润是靠上的三项利润

在五项利润当中，最值得关注的是最上面三项"销售总利润"、"营业利润"和"经常利润"。在表中也做了解说，到经常利润为止都指的是公司每期正常的经营活动产生的利润。

当期纯利润多不代表公司正业一定经营良好，也有可能得益于固定资产和业务的转卖收益等临时收益。

比起比较利润和销售额，更应该计算利润率

利润在销售额中的占比称为利润率。比如，销售总利润率等于销售总利润除以销售额，其它利润率同理。下图展示了在Excel中求计算利润率。

◯ 通过利润表了解利润率

	A	B	C	D	E
	E2		× ✓ fx	=B4/B2	
1	当期 利润表(P/L)				
2	销售收入	300,000		销售总利润率	25.0%
3	销售成本	225,000		营业利润率	5.0%
4	销售总利润	75,000		经常利润率	4.5%
5	销售成本·管理成本	52,400			
6	折旧成本	7,600			
7	营业利润	15,000			
8	营业外利润	1,500			
9	营业外成本	3,000			
10	经常利润	13,500			
11	特别盈亏	0			
12	税前当期纯利润	13,500			
13	法人税等	4,050			
14	当期纯利润	9,450			
15					

销售总利润率"=B4/B2"，营业利润率公式"=B7/B2"，经常利润率公式"=B10/B2"。在利润率中，销售总利润率降低说明正业的毛利润减少，有必要寻找其中的原因，比如商品和服务的竞争力降低、被卷入价格竞争中等。

通过同行的利润率或公司内部利润率的变化判断收益性

利润率的好坏不能单凭一个数据判断。利润率的标准值在不同行业也大不相同。通过调查公司内部每期利润率的变化以及比较同行公司的利润率来判断收益性为好。

术语解说　折旧费用

除去购入成本，设备等长期使用的固定资产在使用过程中损耗的价值称为折旧费用，计入利润表中。但是实际上，因为现金支付在购入资产时就已完成，所以折旧费用是非现金费用。因此，折旧费用在现金流量表中又成为现金增加的主要因素。

资产负债表与利润表的关系

　　资产负债表展示截至决算日的资产状况，利润表展示一年间公司经营产生的收益和成本。公司想要在每年的经营中获得更多利润用以增加存款，这样考虑就不难理解利润表的当期纯利润会成为下一期的本金加入资产负债表中，这就是二者之间的联系。

◆资产负债表和利润表的关系

●前期末的资产状况"B/S"

资产部分	负债部分
·流动资产 ·固定资产	·流动负债 ·固定负债
	纯资产部分 ·本金

●当前期末的资产状况"B/S"

资产部分	负债部分
·流动资产 ·固定资产	·流动负债 ·固定负债
	纯资产部分 ·本金 ·利润

使用本金经营公司

●P/L

收益 −成本
利润

经营公司所得的利润会成为下一期的本金

　　可以用水的流入和流出来想象两者之间的关系。水的流入是公司的经营，等于利润表的内容。虽然通过销售商品或服务使水（金钱）流入，但同时也产生了成本，所以水也在流出。积聚在水槽中的水（存量）会成为本金，也就是资产负债表的内容。根据销售额，流入的水量和流出的水量之间的差额就成了利润，这些差额积聚在水槽中成了下一期的本金。人们常说的留存利润膨胀可以理解为水槽中存满了水的状态。一直没有定好怎么使用利润（设备投资、涨工资等），只是一个劲地囤积利润。

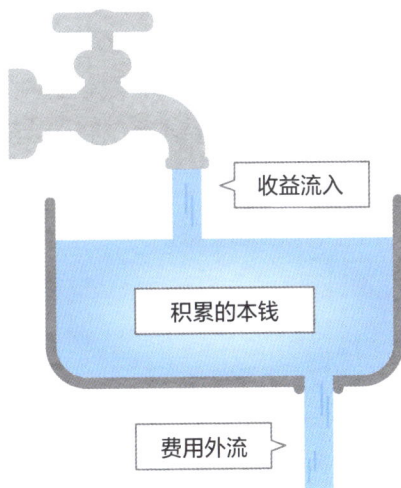

收益流入

积累的本钱

费用外流

效率性是什么意思？

▶▶▶ 资产对销售额的贡献度，通过周转率来表示。

　　说到周转率，可以用拉面店来形容。在拉面店内，即便已经排起队伍，但因为客人周转得很快所以还是会留下来排队。若仅有10个座位的店铺要有100人份的营业额时，平均一个座位就要周转10次（100人÷10座）。因为客人会一个接一个地进来，所以座位不会被浪费。这时就可以认为座位（资产）对销售额做出了较高贡献。这种贡献度就叫做周转率。周转率由以下公式计算，单位是"回"。回数越多，说明较少资产就能产生较高营业额，可以被认定为效率性高。

周转率=销售额÷资产

　　比较有10个座位和100人份销售额的A店和有20个座位和150人份销售额的B店，若销售价格相同，那么B店的销售金额是A店的1.5倍。但是，如果比较起周转率，那A店的周转率为10回，B店的周转率为7.5回（150人÷20座）。如果A店与B店是同行，按理来说B店应该达到200人份的销售额才对。单从销售金额来看，会觉得A店还需要加把劲，但若是加上效率性再判断，又不禁想问B店是怎么回事？在分析时加上效率性作为判断依据，就可能发现更多问题，比如员工不足时即便有空座位也无法引导客人入内、吹不到空调的地方一直没有人坐等等。

■ 通过利润表和资产负债表计算各类周转率

　　计算周转率必需的销售额和资产可在利润表和资产负债表中找到。但是，利润表和资产负债表之间是流量与存量的关系（→P.165），是不同时期的数据，所以不能直接用来计算。通常，要准备两期的资产负债表，计算资产的平均值，这个平均值被称为期中平均。如果无法准备两期，也可以用一期的资产负债表计算周转率。下图是用Excel计算商品周转率。期中平均使用AVERAGE函数计算，或者二者相加再除以二。

● 用利润表和两期资产负债表计算周转率

I3			*fx*	=(B7+C7)/2					
▲	A	B	C	D	E	F	G	H	I
1	资产负债表	当期	前期		当期	前期		当期销售额	300,000
2		资产		负债·纯资产				商品的期中平均	15,000
3	流动资产	83,500	78,000	流动负债	76,000	68,000		商品周转率	20
4	现金·存款	32,500	33,000	应付账款	50,000	44,000			
5	应收账款	31,100	35,100	短期借款	26,000	24,000			
6	坏账准备金	-100	-100	固定负债	74,000	82,000			
7	商品	20,000	10,000	长期借款	54,000	60,000			
8	固定资产	121,500	122,000	公司债券	20,000	22,000			
9	房屋·建筑	120,000	120,000	负债合计	150,000	150,000			
10	累计折旧	-24,000	-20,000	实收资本	50,000	50,000			
11	备品	33,000	30,000	盈余公积	5,000	0			
12	累计折旧	-15,600	-12,000						
13	有价证券投资	8,100	4,000	纯资产合计	55,000	50,000			
14	资产合计	205,000	200,000	负债·纯资产合计	205,000	200,000			

期中平均参数

当期销售额为300,000时,商品的期中平均通过"=(B7+C7)/2"计算,用销售额除以资产"=I2/I3",计算出周转率为20回。另外还能用销售额和固定资产求出固定资产周转率,用销售额和总资产(资产合计)求出资产周转率。

One Point

关于测定经营效率性的ROE的注意事项

　　ROE(Return On Equity)指自有资本利润率,用P/L中的"当期纯利润"除以B/S中的"纯资产"求得。

ROE=当期纯利润÷纯资产

　　纯资产主要由股东的出资构成。所以,ROE是判断自有资本在何种程度上被有效利用于创造利润的指标。ROE越高,就说明股东出资的钱被有效利用,创造了更多利润,但还是有几点需要特别注意的。以下是总资产同为100的X社和Y社。X社是无借款经营,也就是说自有资本比例100%,而Y社的自有资本比例是20%。两者的当期纯利润都是10。

　　X社的ROE=10÷100=0.1→10%
　　Y社的ROE=10÷20=0.5→50%

　　当期纯利润相同的条件下,Y社的ROE是X社的五倍。这是理所当然的结果,因为Y社用较少的资本创造出了与X社相同的利润。像这样,通过降低自有资本比例来获得提高ROE的效果被称为财务杠杆。这时需要注意的是,Y社的自有资本比例为20%,所以剩下的80%都是负债。Y社要一直保持良好的经营状况,一旦收益恶化,那偿还借款和利息的负担就会加重,有可能威胁到公司的经营。另外,ROE会随着总资产中的负债和纯资产的比例变化而变化。直截了当地说,负债的比例上升,ROE就会上升。所以要注意不能因为ROE看起来高,就觉得少量投资就能有高回报而马上投资。

明明在盈利为什么还在苦恼呢?

▶▶▶ 苦恼于赊账后的资金周转。周转资金的增减要在现金流量表中确认。

我们都听到过明明利润表上显示着在盈利,但公司还是倒闭了的情况。盈利却倒闭的原因是销售额会在商品卖出时记下来,但是现金回收要等到两个月后,甚至更久以后。销售时记下的销售额就会计入利润表中的销售总额。所以,销售总额中实际上也含有还未拿到现金的金额。"明天会有1万日元入账,材料费就用明天的钱支付",像这样用下次回收的现金抵账,如果没有顺利回收到现金,就会偿还不上债务,最终导致公司倒闭。这就是利润表上明明呈收支黑字公司却倒闭的"黑字破产"。

原本,如果像"上周回收了一万日元,万一明天回收不到钱,就用上周的钱支付"这样准备好备用现金就没有问题。这种为支付准备的备用资金就叫做周转资金。一边合计着现金回收和支付的时间,一边防止公司陷入资金不足的行为就叫做资金周转。

通过营业活动的现金流量确认周转资金的增减

营业活动的现金流量(以下简称营业CF)是公司在正业中赚得的现金。包括营业CF在内的CF计算公式可在P.170找到。在这里由被称为间接法的形式表示现金流量。大致而言,间接法以利润表中的税前当期纯利润作为起点。营业活动指正业活动,所以追溯到利润表中的营业利润,在资产负债表中调整周转资金,梳理清楚现金流。

周转资金的增减=销售债权的增加额+商品的增加-买入债务的增加

销售债权指日后收取现金的权利,主要对应资产负债表中的"应收账款"。应收账款比前期增加,说明未完成现金回收的债权增多。商品的增加同理。卖不出去就无法现金化的商品库存,数量越多就越会导致现金不足。买入债务指日后支付现金的义务。买入债务增加说明日后需要支付的金额增加,虽然总有一天要支付,但现在还不用支付,所以买入债务越多手头的现金就越多。

◑与周转资金相关的资产负债表中的项目

	A	B	C	D	E	F	G	H
1	资产负债表	当期	前期	增减		当期	前期	增减
2			资产		负债·纯资产			
3	流动资产	83,500	78,000		流动负债	76,000	68,000	
4	现金 存款	32,500	33,000	-500	应付账款 ❸	50,000	44,000	6,000
5	应收账款 ❶	31,100	35,100	-4,000	短期借款	26,000	24,000	2,000
6	坏账准备金	-100	-100	0	固定负债	74,000	82,000	
7	商品 ❷	20,000	10,000	10,000	长期借款	54,000	60,000	-6,000
8	固定资产	121,500	122,000		公司债券	20,000	22,000	-2,000
9	房屋	120,000	120,000	0	负债合计	150,000	150,000	
10	累计折旧	-24,000	-20,000	-4,000	实收资本	50,000	50,000	0
11	备品	33,000	30,000	3,000	盈余公积	5,000	0	5,000
12	累计折旧	-15,600	-12,000	-3,600				
13	有价证券投资	8,100	4,000	4,100	纯资产合计	55,000	50,000	
14	资产合计	205,000	200,000		负债·纯资产合计	205,000	200,000	

当期的应收账款比前期减少，所以现金增加❶。当期的商品比前期增加，导致现金减少❷。当期的应付账款比前期增加，所以现金增加❸。

现金流量表中需要注意的数字

现金流量表中需要注意的数字是公司三项活动的现金流。再由它们计算出自由现金流（以下简称自由CF）。

◑在现金流量表中的三项活动

营业活动中的现金流 （**营业CF**）	公司通过正业赚得的现金
投资活动中的现金流 （**投资CF**）	通过买入和卖出固定资产、买入和卖出有价证券赚得的现金
财务活动中的现金流 （**财务CF**）	借款产生的资金筹措和偿还债务、支付红利涉及的现金
自由现金流 （**自由CF或FCF**）	从正业赚得的现金中减去买入固定资产等活动的现金后剩下的可以自由使用的现金

如表所示，自由CF越多越好。进行设备投资时，比起用还需要偿还的借款支付，还是用从营业CF中赚得的现金支付更好。想让自由CF增多，关键要增加正业的营业CF。为此，需要尽早回收销售债权，调整库存、减少周转资金。

基于间接法的现金流量表

	A	B	C	D	E
1	当期 现金流量表（CF）				
2	▼营业活动CF			▼投资活动CF	
3	税前当期纯利润	13,500		固定资产增加额	-3,000
4	折旧成本	7,600		投资有价证券的购入支出	-4,100
5	坏账准备金	0		投资活动CF	-7,100
6	营业外成本	3,000			
7	营业外利润	-1,500		▼财务活动CF	
8	特别利润	0		短期借款收入	2,000
9	特别损失		周转资金的增减	长期借款偿还款	-6,000
10	应收账款减少额	4,000		公司债券偿还	-2,000
11	库存资产(商品) 增加额	-10,000		股金支付额	-4,450
12	应付账款增加额	6,000		财务活动CF	-10,450
13	小计	22,600			
14	营业外收入	1,500			
15	营业外支出	-3,000			
16	法人税等	-4,050			
17	营业活动CF	17,050			

推进现金回收减少应收账款，适当调整库存，减少周转资金，这样就能让资金的运转稳定下来。再想办法增加可以提高自由现金流的营业CF。

One Point

经营状况良好的CF表和经营状况糟糕的CF表

在经营状况良好的CF表中，营业CF为正，投资CF为负，财务CF为负。也就是说，在本业赚得的钱足够用于投资也足够用于偿还债务。在经营状况糟糕的CF表中，营业CF为负，投资CF为正，财务CF为正。这说明没有赚够的钱被设备转卖费和借款抵补。

COLUMN　销售总利润率上升和商品周转率下降说明公司可能面临危机

销售总利润率上升说明正业的商品和服务的毛利润增加，本应是件令人高兴的事，但也可能同时发生商品周转率的急剧恶化。毛利润指销售额减去销售成本后的利润。利润率上升要么是因为销售额增加，要么是因为销售成本减少。其中，销售成本只会计算当期销售出去的销售成本。没有卖出去的库存不会计入销售成本。所以库存增加，销售成本就会被压缩，利润表上的销售总利润就会上升。另一方面，因为库存增加，所以商品周转率就会下降。之所以这样计算销售成本，可能是为了不让利润表上出现赤字。

第 9 章

反复使用的表应当
采用简单便捷的结构

通过改良固定格式文件来提高效率

　　在工作中不可缺少的文件分为含有计算的文件和不含计算的文件，但它们都是由Excel制成的文件。在制作经常使用的固定格式文件时，去理解它的用途和处理流程，然后设计成可以高效制作的结构吧。

固定格式文件有什么规定？
➡P.174

每次都要输入同样的东西太麻烦了
➡P.180

▨ 休假申请单

休假等申请单

	批准	批准	批准

申请日	2020年4月17日
部门		姓名	

按如下内容申请休假。

时间	2017年1月6日	至	2017年1月10日	为止	3 天
类型	○ 年度带薪休	● 红白喜事休假	○ 育儿假		
	● 看护休假	○ 志愿者休假	○ 其它		
理由					
联系方式					
备注					

复制上次做好的文件会有什么问题？
➡P.174

▶更多疑问及顾虑

▶▶ 更多固定格式的文件

▨ 有义务制作的"会议记录"

希望能快速输入时间、出席者
等内容的固定项目。

▨ 每月制作的"交通费明细表"

一个个输入车站和车费太麻烦，希望能便捷地制作明细表。

▶▶ 什么是固定格式文件

　　本书中的固定格式文件指格式已被固定的文件。固定格式文件多种多样，比如公司内使用的申请文件，公司外使用的报价单、订单等报表。文件的内容和使用方法也根据公司和部门各不相同。有的文件会被印刷出来保存，也有的文件仅作为电子数据留存。

固定格式文件中有哪些内容？

▶▶▶ 申请文件等日常使用、内容固定的文件。

　　固定格式文件指基本项目已经决定，且需要反复制作的文件。比如公司内的申请文件，还有在本章开头举例的休假申请单、交通费明细表。另外，会议记录、日报也是需要反复制作的文件，再比如公司内的传阅文件。这些文件在公司内的使用方法也是各种各样，有的是已经准备文件纸张，只要填写内容即可；有的是已经准备好输入界面，输入内容即可。

公司内的申请流程

　　在公司内使用的文件中，申请单、报价单、申报文件等有时需要上司的批准和认可。该流程如下图所示。申请者请上司（有可能是多位上司）受理申请内容，上司批准后，文件会送往对应部门进行处理，申请内容会被记录下来存档。这一连串的流程基本上在每家公司都是通用的，只是文件有可能是以纸质形式受理，也有可能以电子形式受理，这一点不能一概而论。

🔄 公司内的申请流程

手写文件可以吗？

　　虽然从申请到处理的流程和以往相比没有太大变化，但如今的多数企业已经采用了系统化的管理，只是系统化的程度还是各不相同。在系统化集中管理各种业务信息的公司内，申请者只要在自己的电脑上输入必填项目就能完成申请手续。

术语解说 **工作流程**

　　广义上指业务的流程。有时候解释处理程序和流程的图示也被称为工作流程。

上司也只用在电脑上完成批准，有利于提高处理的效率。但是，不是所有公司都像这样，有的公司虽然有业务管理系统，但是需要上司批准的申请必须以纸质文件进行。

比如在SB Creative株式会社，用于交通费报销的申请文件已经完全电子化，但是电脑联网的申请文件需要手写固定文件然后盖上上司的批准印章。每个公司的情况都各不相同，像这样需要手写的文件也不在少数。

COLUMN ▶ 停滞的无纸化办公

为了削减经费、业务效率化、保护环境等好处，公司内都在提倡无纸化办公。但是与客户公司之间实现无纸化办公还是有一定难度，所以现在无纸化办公的推广还是处于停滞状态。

另外，为了实现无纸化办公，公司还需要导入电子化申请、批准系统、管理文件的系统等成本较高的系统。愿意为构筑这些系统投入多少成本根据公司的实力而定。而且，在过去很长一段时间，根据法律规定，订单、收据、合同等文件必须要以纸质形式留存。虽然现在已经允许以电子数据留存，但在国税厅主页有所声明：原则上账簿文件的保存方法仍是纸质形式。要以电子数据形式保存时，需要向所辖税务署长提交申请，经批准后才可实行。

因此，电子化办公停滞不前，出于以前的惯例还是保留纸质文件的公司依旧不在少数。

■■ 重新审视反复制作的文件

如前文所述，就算无需手写，有不少文件还是要按照固定格式制作，然后打印保存。有一些文件是客户要求做成纸质形式，比如报价单、订单等。会议记录的大小固定为A4。用Excel制作时，这些文件的数据输入和使用方法可能还有重新审视、改良的空间。既然是每次都要输入相同内容的文件，那么改善文件构造能让其便利化，还能提高办公效率。

如何把固定格式文件变为
Excel中的表？

▶▶▶ 使用输入帮助、工作表保护等功能。

　　参考经常使用以及和别人共同使用的文件，抱着防止发生错误、任谁都能轻松使用的目的来重新审视固定格式文件吧。

　　首先，为了防止输入错误，尽量减少键盘输入。如果要输入的数据已经规定了几种选项，选择选项就可以省去键盘输入了。然后，为了让所有人都能轻松使用文件，要把使用方法简单化。在文件中添加使用说明，就能让不熟悉Excel的人也轻松使用。另外，为了防止误操作，为文件应用工作表保护和工作簿保护。

◆在制作固定格式文件时派上用场的功能

功能	功能说明	使用案例
数据验证（列表）	允许输入特定数据	从列表中选择"所属部门"
数据验证（输入提示）	选中单元格后显示提示	在输入框显示提示信息
复选框	在多个选项中勾选符合条件的复选框	勾选"出席者"的名字
选项按钮	在多个选项中选择一个符合条件的选项	在"休假种类"中选择一项
条件格式	为符合条件的单元格加上颜色	为必须输入的输入框添加颜色
保护工作表	保护单元格内容	无法编辑输入框以外的单元格
保护工作簿	保护工作簿内容	不可删除、添加工作表
保存为模板	保存为模板文件	作为新工作簿打开

▬▬制作限制输入和编辑的文件

　　在固定格式文件中，为了不丢失内容或改变布局，基本上会限制输入和编辑。可以通过函数输入数据的为自动输入，只有必须填写的输入框处可以手动输入。准备一些经常使用的固定格式文件，然后确认一下其中哪些地方可以用函数输入，哪些地方必须手动输入。

休假申请单的项目

❶ 用TODAY函数自动输入"申请日"
❷ 从列表中选择"部门"
❸ 手动输入"姓名"
❹ 手动输入"时间"
❺ 用NETWORKDAYS函数自动计算"天数"
❻ 从选项中选择一项休假的"类型"
❼ 理由、备注栏可以手动输入

One Point

设置工作表保护

　　虽然所有单元格都是锁定状态，但是在未经设置保护工作表的状况下所有单元格都是可以随意输入和编辑的。固定格式文件需要设置工作表保护，但是在设置之前，要先把需要手动输入的单元解除锁定。选中单元格，按下**Ctrl+1**组合键，弹出"设置单元格格式"对话框，选择"保护"选项卡下，取消勾选"锁定"，即可解除单元格锁定。

保护工作表

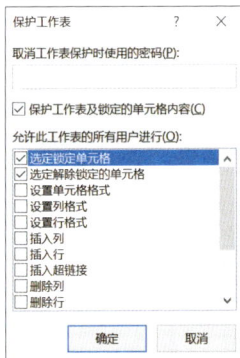

解除单元格锁定后，单击[审阅]选项卡的[保护工作表]按钮，即可弹出右图对话框。可以从中设置取消工作表保护时的密码、可以进行的操作等。通常只允许选定单元格。

利用表单控件

"表单控件"指可以实现数据选择的工具。"表单控件"可以把复选框和单
选框放置在工作表上。面对输入内容固定的项目，只要用鼠标单击就能完成输
入，使工作更轻松。

表单控件的选项按钮

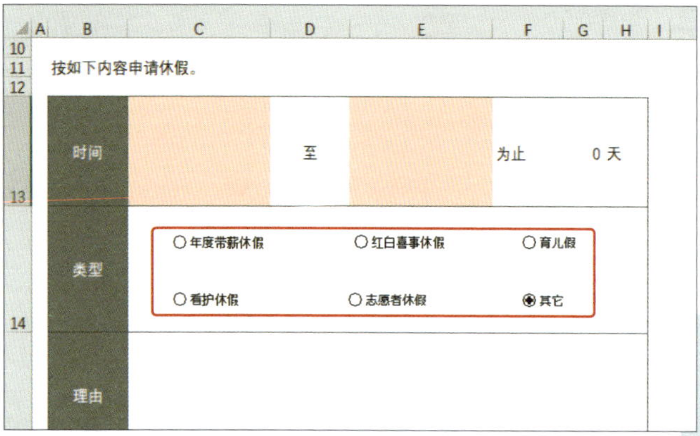

在选项已经定好的
休假类型处放置可
以选择一个选项的
选项按钮。

表单控件的复选框

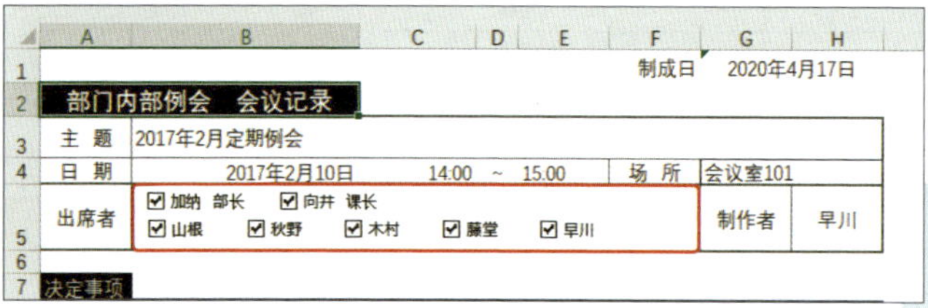

在会议记录的出席
者处放置可以选中
多个选项的复选框。

COLUMN　用Word还是Excel制作固定格式文件

　　例子中的休假申请单，只论样式的话用Word也可以制作。Word中也有选
项按钮和复选框的功能，所以不管用Word还是Excel应该没有太大区别。实际
上，不少固定格式文件都是用Word制作的。但是，Word也有绝对做不到的事
情。就是利用函数的复杂处理和根据具体状况更改的条件格式，这些是Word无
法实现的。所以，需要用到函数和条件格式的文件只能用Excel制作。

如何决定申请单中涵盖哪些项目？

▶▶▶ 参考过往文件，以及考虑与数据库的关联。

　　不管以何种形式，申请文件应该都是现成的文件，首先要参考这些过往文件。然后，鉴于要用数据库管理文件中的数据，所以要考虑好如何使用申请文件。比如，"休假申请单"要用来统计带薪休假的天数。"休假申请单"中的个人信息都可在"员工主数据"或"员工底册"中找到，只要与它们关联即可。休假单中特有的数据，比如申请日、休假开始日、天数等则保存在另外的数据库中为好（→第2、3章）。以下是简单的例子，但已足够用来统计员工的休假天数，然后集中管理。

● "员工主数据"中的主要项目

员工ID	姓名	拼音	住址	…
S123	伊藤春树…	…	…	…
…		…	…	…

● "已获休假表格"中的主要项目

文件编号	文件编号	申请日	休假开始日	休假结束日	天数	休假类型
S123	X001	…	…	…	…	…
…	…	…	…	…	…	…

留存的纸质文件也要加以管理

　　要管理打印出来的纸质文件也是件麻烦事。为了在需要时迅速找到文件，为所有文件都加上"文件编号"。把文件保存为工作簿时，工作簿名称也十分重要。理想的名称是看一眼就知道申请人是谁，申请时间是何时。比如，把员工ID（S123）和申请日（20170203）组合在一起"S123_20170203.xlsx"。

如何提高制作固定格式文件的输入效率?

▶▶▶ 彻底减少手动输入。

　　要想高效制作固定格式文件,就要彻底减少需要手动输入的地方。不仅能省去输入的时间,还能防止输入错误。为此,可以采用函数自动输入的办法和选择输入内容的方法。

用函数输入内容

　　可以计算出内容的项目就用算式或函数自动输入。在休假申请单中,繁琐的日期可以用函数自动输入。

◐让"申请日"自动输入当天日期

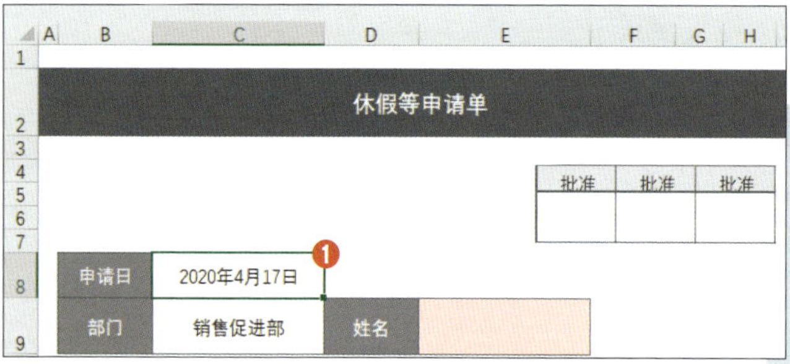

在"申请日"的单元格内 ❶ 输入"=TODAY()"公式。若要修改日期类型,在"设置单元格格式"对话框中的"数字"选项卡下设置日期类型。

> **One Point**
>
> ### 想要保存日期信息时不要使用TODAY函数
>
> 　　一旦参照元发生变化,算式和函数就会重新计算。TODAY函数也是如此,日期会被重新计算(自动更新)。到了明天,TODAY函数算出的日期就成了明天。就算保存了工作簿,日期还是会继续变化。所以,必须留下日期信息的情况下,就不要使用TODAY函数。这时就以"年/月/日"的形式输入日期,或者按**Ctrl**+;组合键也能输入。

TODAY函数　自动输入当天日期

公　式	=TODAY()
说　明	=TODAY函数无需指定引用。但是,函数名TODAY后面必须输入"()"。

从列表中选择输入内容

在固定格式文件中常常有输入内容已经确定的项目，比如部门等项目。简单输入这些项目的方法就是从列表中单击选择输入内容。只是这个方法仅在输入选项不算太多的情况下有效。在列表中的选项若有几十个，那找起来也很费时间，反而会降低效率，这时可以利用第六章介绍的VLOOKUP函数。

⊙使输入内容可以从列表中选择

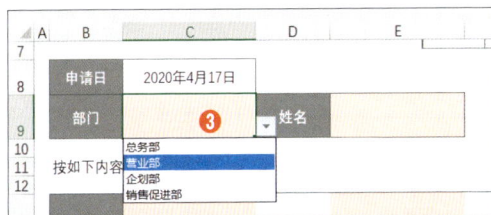

选中输入部门的单元格（C9），单击 [数据] 选项卡下的 [数据验证] 按钮。在 [设置] 选项卡下设置 [允许] 为 [序列]❶，输入想要在列表中显示的内容，用 "," （英文逗号）分隔❷。然后再选中单元格就会显示下拉符号，单击后在列表中选择输入内容❸。

> **One Point**
>
> #### 用单元格范围设置选项
>
> 在 [数据验证] 对话框中要手动输入选项内容，也可以事先把选项输入在单元格中，然后指定该单元格范围为选项内容。（→P.60）

通过选项按钮选择数据

能够实现从多个选项中选择一个选项的就是选项按钮控件。从设置好可供选择的选项这一点来看，与"数据验证"的序列类似，但选项按钮的内容直接显示在单元格内。选项按钮只能标明哪个选项被选中，并不会在单元格内输入任何内容。了解两者的区别后再选择使用。而且，若想同时选中多个选项就要使用复选框控件。

◉制作选项按钮

单击［开发工具］选项卡下的［插入］按钮❶，选择［选项按钮（表单控件）］❷。

单击想要放置选项按钮的单元格，单击按钮旁的文字重新输入❸。重复步骤❶~❸即可完成所有选项。选项大小可拖拉调节。若选定框消失，可以按住**Crtl**键单击。

参照其它表和数据库

若有可供参照的表或数据库，就要参照它们来输入数据。比如，报价单的商品名和单价就可参照数据库。交通费结算单可以参照车费表。需要参照其它表或数据库时，利用VLOOKUP函数可以使工作简单许多（→P.121）。

⊕参照其它表的数据

整理乘车的车站和乘车费，制成一览表，以此作为明细表的参考。不
用每次都查找乘车费，可以节省时间。

COLUMN 非固定格式的业务文件也要固定化

　　对于固定格式的文件，基本上跟其相关的业务也多有固定化的流程。比如交
通费精算、订单发行这类业务在所有公司应该都有一套固定的流程。但是，公司
内的业务并不都是固定化的，比如处理特别订单等等依具体情况而改变流程的业
务也不在少数。

　　以前，我曾听到过这么一件事。客户寄来的样式单的文件格式总是会随着产
品改变，所以每次查看时都很费劲。就算特别订单需要特别对待，但样式单应该
可以做到使用固定格式。可见，就算是非固定业务，其中也有可以做到固定化的
部分。如果以业务内容不固定所以无可奈何为借口，会给客户留下缺乏条理性的
印象。提高现有固定格式文件的使用效率是一方面，从非固定业务中找到潜在的
固定内容并制作固定化文件也是一件重要的事。

One Point

如何显示 [开发工具] 选项卡

　　[开发工具] 选项卡下有可以自动操作Excel的宏，还有上文提及的表单控
件等功能。在刚打开Excel时，该选项卡是不显示的。单击 [文件] 标签，选择
[选项] 选项，弹出 [Excel选项] 对话框。然后从左侧选择 [自定义功能区]
选项，勾选 [主选项卡] 下的 [开发工具]，即可显示 [开发工具] 选项卡。

如何处理输入内容较多的表?

▶▶▶ 在保证样式不被破坏的前提下,制成与输入内容相适应的表。

像会议记录、日报等输入内容较多的表大部分也是用Excel制成的。这些表大多利用网格线精心整理、重视外观也就是打印出来的效果。这时,需要花点心思保证文件的样式不被破坏。

把表中需要输入文字的地方做得美观一些。例如会议记录、报告书等文件中就有许多内容需要一条一条输入。制作这类表的要点是易于按条目输入内容。

⊙输入内容较多的会议记录

						制成日	2020年4月17日

部门内部例会　会议记录

主　题	2017年2月定期例会				
日　期	2017年2月10日	14:00 ～ 15:00	场　所	会议室101	
出席者	☑加纳 部长　☑向井 课长 ☑山根　☑秋野　☑木村　☑藤堂　☑早川 ❶		制作者	早川	

决定事项

1)	Xproject　进度报告
2	新商品策划竞赛　日程确认

具体内容 ❷

1)	Xproject　进度报告
	・到1月末为止,进度没有问题
2	关于新商品策划竞赛
	・竞赛参加准备期间
	→市场调研　4月末为止
	→策划部调整　5月第2周为止
	・负责人员的决定
	→负责:　木村　助手:藤堂
	→日程,预算,人员确保等在下次会议之前调整
联络	2/14　大楼防灾演练　10:00～　全员参加

> 对于输入内容固定的项目,使用数据验证(→P.181)或者表单控件(→P.178)来限制输入内容❶。需要手动输入的部分就制成便于按条目输入内容的表❷。

了解会议记录的书写方法

作为职场人士,所有人都有过制作会议记录的经历,所以会议记录是极具代表性的常用文件。会议记录不会在会议现场制成。在现场,与会者会记笔记,事后整理为简单有条理的内容记入会议记录。

会议记录是指记录会议的讨论内容、决定事项的文件。也就是讲清楚"以何种经过做出了何种决定"。会议记录的首要目的是信息共享，让没能参加会议的人也看明白会议上发生了什么。而且信息共享的对象不限于公司内部员工，也有可能需要和公司外的合作对象、客户等信息共享。这时，会议记录就会成为合同、交易、约定的证据。所以会议记录的内容要谨慎书写。

○ 会议记录中的项目

会议名称	简单易懂，注明会议主旨和主要议题。若是多次进行的会议则注明是第几次
日期时间	尽量详细。开始和结束时间要具体到分钟
地点	尽量详细
出席者	标明主办者和出席者，也可以注明缺席者。若有公司外人士参会，则注明其公司名称
制作者	会议记录的制作者
决定事项	会议上做出的决定
会议内容	讨论和报告内容。为了便于理解，与"决定事项"的顺序对应
下次预定	若预定好下一次会议就写入下一次的日期时间
分发资料	注明会议上有无分发资料、资料名称是什么
备注	以上项目以外的内容

COLUMN　供公司外部人员传看的会议记录

与公司外部人员会议的会议记录是与会议纪要同等重要的文件，所以要谨慎制作，在记录公司外部出席者姓名时也要多加注意。当有公司外部人员参会时，要在出席者一栏的先写公司外人员，同时注明公司名、部门、姓名、职位，比如"SB Creative 营业部 XX部长"。这时还要根据职位排列人名，也就是说职位越高的越靠前。另外，来自同一公司但不同部门时，要把对议题事项有决定权的部门放在前面。也就是说部门之间也有先后顺序，这是作为职场人士绝对不能含糊的事情。话虽如此，不像以往都是"部长"、"课长"这样简单易懂的称呼，如今出现了许多带有片假名的职位名和部门名，所以很多时候也很难判断谁的职位更高、哪个部门更重要。这时先写"诸位有关人员"，然后把会议记录发送出去，若公司外人员提出意见再向上级请示是一种较为稳妥的做法。另外，"诸位"已经是尊称，所以注意不要写成"尊敬的诸位"。

难以使用他人制作的文件

▶▶▶ 需要花点心思让所有人都能轻松使用文件。

　　最好在制作文件时提前设想他人使用文件时的情况，让文件的输入位置、操作方法简单易懂。面对他人制作的文件，若看不懂文件的结构就难以使用。所以我们在制作文件时要花点心思，让不熟悉Excel的人都能看懂在哪里如何输入数据。

◉让输入位置和输入方法简明易懂

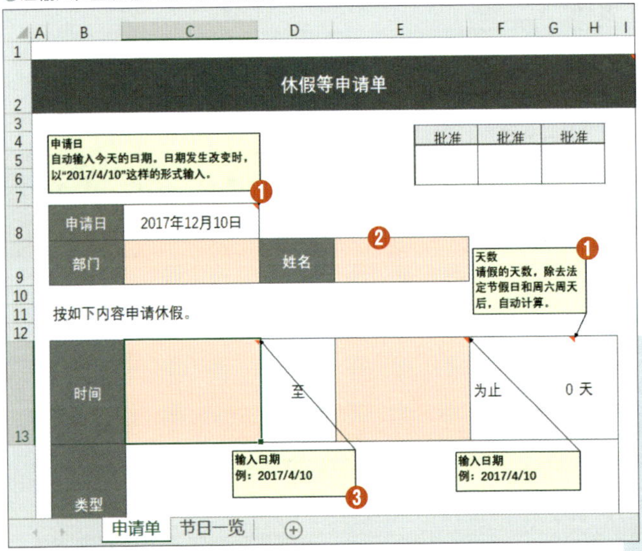

让输入位置和输入方法简明易懂❶。使用"条件格式"让必填的单元格在未输入时显示颜色❷。使用"数据验证"在选中输入框时显示提示❸。

COLUMN　制作者的心得

　　休假申请单这类内容基本不变的文件很可能制作一版后就延续使用几年。考虑到此，制作者应该留下文件的设计图。这样如果文件需要修改，只要了解该文件使用Excel的哪些功能做了哪些处理，制作者以外的人也能编辑修改。

如何让输入位置醒目？

　　为了防止漏填，固定格式文件的必填项目要添加底纹颜色使其醒目。但不能直接给单元格填充颜色，这样会影响印刷效果。这时就要使用可以仅在未输入内容的单元格中显示颜色，输入内容后就无颜色的"条件格式"。

由于"条件格式"中没有未输入内容时显示颜色的选项，我们要用函数新建规则。在此我们使用判断单元格空白与否的ISBLANK函数。

◎如何在单元格空白时填充颜色

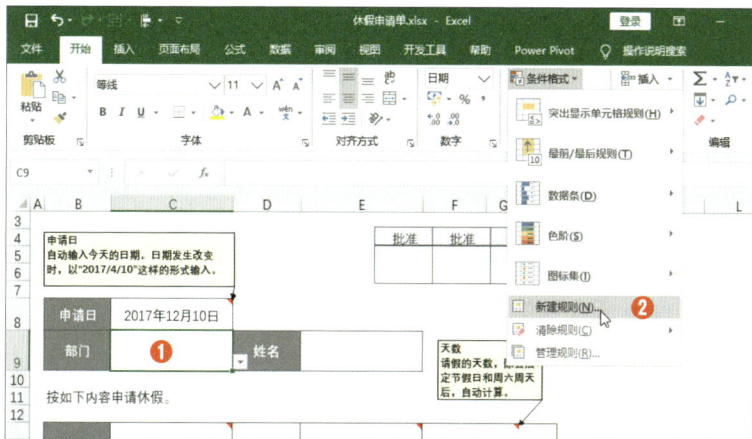

选中要显示颜色的输入位置（C9）❶，选择［开始］选项卡下的［条件格式］–［新建规则］选项❷。

选择［使用公式确定要设置格式的单元格］选项❸，输入"=ISBLANK(C9)"❹，单击［格式］设置要填充的颜色❺，然后单击［确定］。这样单元格C9在空白时就会显示颜色了。

ISBLANK函数 判断单元格是否空白

公　式　=ISBLANK（引用单元格）

说　明　若引用了空白单元格则返回TRUE，否则返回FALSE。

COLUMN　把公式设置成"条件格式"中的条件

　　在［新建格式规则］对话框中可以把公式设置为条件。此处的公式需要是返回TRUE或FALSE的逻辑公式。当满足条件时，也就是返回TRUE时，"条件格式"有效。

　　逻辑公式是用于检验条件是否被满足的公式，只会返回TRUE或FALSE，所以基本上不会单独使用。但是，单独使用也是完全可以的，借此机会我们就来验证一下吧（参照下图）。下图使用ISBLANK函数判断单元格是否空白，空白时，函数会返回结果TRUE。

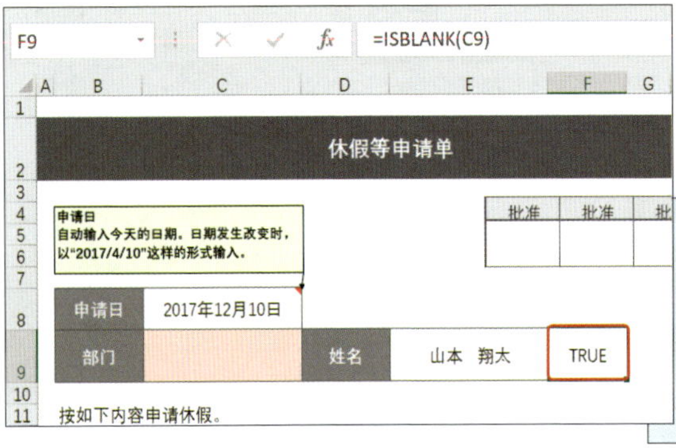

| F9 | ▾ ⋮ | × ✓ | fx | =ISBLANK(C9) | | |

休假等申请单

申请日 自动输入今天的日期，日期发生改变时，以"2017/4/10"这样的形式输入。			批准	批准	批
申请日	2017年12月10日				
部门		姓名	山本　翔太	TRUE	
按如下内容申请休假。					

> 在单元格F9内输入"=ISBLANK(C9)"，单元格C9为空白单元格时，函数结果就会是TRUE。在单元格C9内输入内容后，函数结果变为FALSE。

　　另外，"条件格式"中的条件公式可以不是函数。比如判断单元格C9的内容是否为1的条件是"C9=1"，要把条件变为公式只需在开头加上"="，即"=C9=1"（参照下图）。这样不是1时就返回FALSE，是1时就返回TRUE。这样设置"条件格式"的条件，单元格C9内输入1后就会显示颜色。

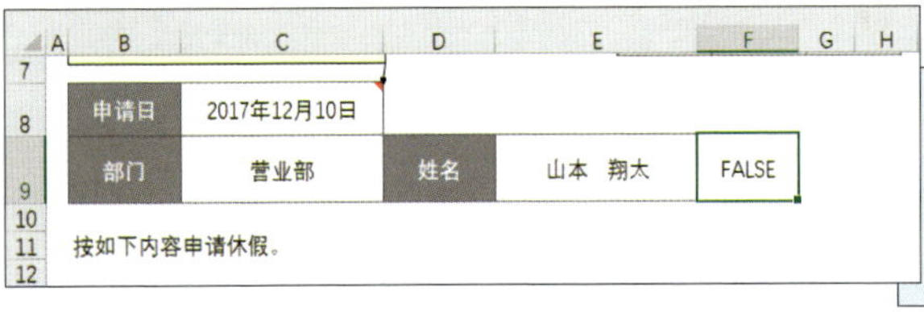

申请日	2017年12月10日				
部门	营业部	姓名	山本　翔太	FALSE	
按如下内容申请休假。					

> 在单元格F9内输入"=C9=1"后，若单元格C9内是1就显示TRUE，不是1就显示FALSE。

如何保证文件的样式不被破坏

▶▶▶ 保护工作表和工作簿。

对固定格式文件这类反复使用的文件来说，其样式可能在不被察觉的误操作中渐渐破坏掉。为了避免这种问题，需要保护工作表和工作簿。"保护工作表"具有让输入位置以外的单元格不可编辑的功能（→P.177）。再加上"保护工作簿"，就能禁止添加、删除工作表，保证工作簿的结构不被改变（→P.42）。

◉保护工作表和工作簿

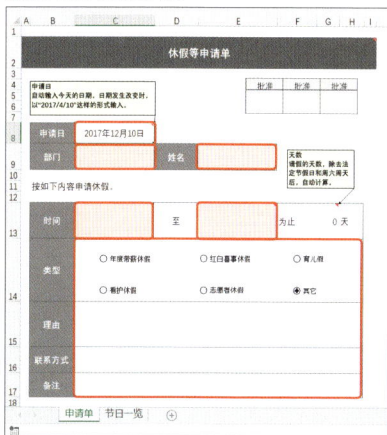

解除图中红框单元格的锁定状态，再设置"保护工作表"，就能让除了输入位置以外的单元格都不可编辑，也不可选中或移动其它单元格。通过设置"保护工作簿"，可以禁止删除工作表。

One Point

如何让输入位置可以编辑

"保护工作表"仅对处于锁定状态的单元格有效。一开始基本所有单元格都处于锁定状态，所以在设置"保护工作表"之前，先把输入位置的单元格解除锁定（→P.177）。这样一来，就仅有输入位置可以编辑了。

如何把固定格式文件作为雏形使用?

▶▶▶ 保存为模板文件。

　　如果要反复使用做好的文件，或是需要和他人共享时，可以把文件保存为模板文件。模板文件的特点是每次打开都会生成新工作簿。虽然文件还是拥有整理好的样式，但它是新工作簿，所以输入数据后保存时只会是另存为，而不会覆盖原始文件。在反复使用固定格式文件的过程中，可能会不小心保存文件，覆盖原始文件，而使用模板文件就不用有这种顾虑了。

◐保存为模板文件

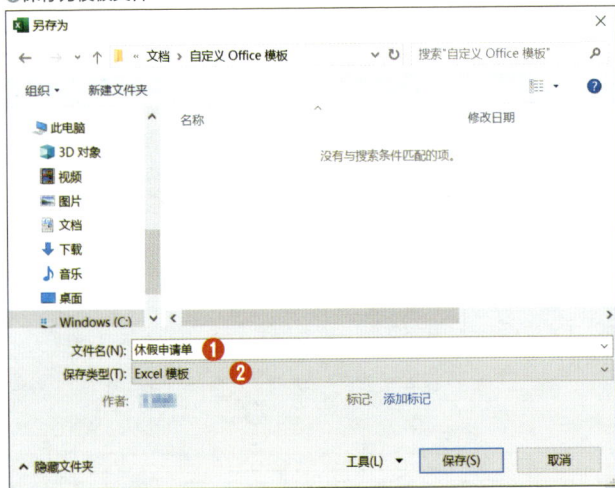

选择［文件］列表中的［另存为］选项，弹出［另存为］对话框，输入文件名❶，在［保存类型］中选择［Excel模板］选项❷，然后保存。打开保存好的模板文件，弹出的是带有数字编号的新工作簿。

One Point

模板文件的保存位置选择哪里?

　　在［另存为］对话框中选择"保存类型"为模板文件后，保存位置会自动跳到"自定义Office模板"。如果要和他人共享此文件，就把保存位置设定为共享文件夹。

第 10 章

通过信息共享
来提高生产效率

通过共享工作簿
进行共同作业

　　说到信息共享，其内容多种多样，大到用覆盖全公司的系统管理一部分信息；小到为了提高日常业务的效率，与团队成员确认工作的步骤和进程。无论是以上何种情况，信息共享的好处之一是提高工作的生产效率。此书从应用层面和技术层面探讨Excel在信息共享和提高生产效率上发挥的作用。

进度管理表

自己编辑的内容会被别人看到吗？
⇒P.198

能够知道谁在使用这个文档吗？
⇒P.200

可以和他人一起同时编辑吗？ ⇒P.198

想要制作和相关人员一起共同使用的进度管理表。⇒P.204

▶▶更多疑问及顾虑

▶️更多想要共享的工作簿

依据日期或时间显示工作情况的排班表

只要共享需要控制人员安排的排班表，每个人就能编辑和管理自己的工作日和休息日。

显示团队成员日程计划的日程表

每个人都能各自输入自己的情况，然后在成员间实现信息共享。

▶️日常业务中的信息共享

说到信息共享，有群组软件、文件管理系统这类，即箱子的视角；也有放入箱子的信息（文件）的视角；还有活用箱子里的信息的视角。以上视角互相关联，容易造成混淆。另外，信息共享这一概念，常常与知识管理混为一谈，容易演变成共享全公司的知识财产、通过组合知识创造新的价值这类宏观的事情。然而，对日常工作而言，事无巨细，其内容多种多样。此书不讨论上文中的箱子，而是着眼于应该放在箱子内的Excel文件和文件的应用方法等。

术语解说 知识管理

知识管理指通过活用ICT技术，把每位员工拥有的知识共享为公司全体的知识财产，通过有效利用这些知识，即对知识的组合和搭配来实现高效工作和为公司创造新价值。

共享文件是什么意思?

▶▶▶ 主要分为用于读取和用于编辑的文件。

　　入职公司后,电脑上应该都设有入职部门的共享文件夹。共享文件指在共享文件夹内管理的文件,由不定人数共同使用。这里的不定人数指的是所属部门的成员以及公司内的其他人。共享文件大体分为专门用于读取的文件和专门用于编辑的文件。

读取专用的文件种类和应用

　　代表性的读取文件有阅览用文件和固定格式文件。阅览用文件中又包含公司或所属部门的规定、手册、工序说明书等等。固定格式文件中又包含营业日报、会议记录、各种申请文件等等,常常根据需要拷贝到本地再使用。此处的本地不仅指自己在公司的电脑中的硬盘,还指公司内部网络上的个人工作空间。近来,出于安全和保守方面的考虑,公司禁止在电脑硬盘中保存文件的相关规定也多了起来。

　　在此,以用Excel制成的会议记录为例,看一看这类文件的流程。首先,要从所属部门的共享文件夹内把会议记录的模板复制到本地。以专门用于读取的形式管理的文件,在拷贝到本地后也会继续处于只读状态。虽然也可以对其进行操作,但无法编辑后再保存。在保存文件时,就会弹出以副本文件形式保存的对话框。接下来只要按照规定为文件命名,然后在本地管理文件,直到文件最终完成后再将其上传到公司内部网络上的共享文件夹内(例如项目、生产编号等共享文件夹)。最后向大家通知会议记录已经制作完成以及保存在何处,这样就能实现信息共享。梳理一遍流程后,可以发现,本地适用于在文件最终完成前临时保存文件。需要注意的是,公司内应该有包括Excel文件在内的文件管理规章制度,应在入职公司后加以确认。

`COLUMN` 管理阅览用文件的示例

　　以PDF形式公开阅览用文件,就可以防止别人对其进行编辑。在转换为PDF之前的文件多为Excel或Word形式,这类文件作为本地文件分开管理。假如文件内容发生变化，只需在本地文件进行编辑，便能更新PDF文件。这时，不是简单将更新前的PDF替换为更新后的PDF。只要设置好版本管理的构造，就能追溯更新前的文件版本。关于版本管理，有时会作为公司的数据管理系统中的一项功能供大家使用，或是公司内有关于管理旧文件的规章制度。旧文件还有保存的必要吗？虽然人们常常会有这种疑问，但一定期限的保存是有必要的。因为，在公司内，撤回更改是家常便饭。而且，管理修订记录也是文件管理的重要项目之一。

One Point

如何把文件设置为只读

右击文件夹，选择［属性］命令，在打开的对话框中进行设置。设置完成后，文件夹内的子文件夹和文件都变为只读状态。根据相同方法单独设置Excel文件。

⬇文件夹的［属性］对话框

开发课 属性	✕
常规　共享　安全　以前的版本　自定义	

开发课

类型:	文件夹
包含:	0 个文件，0 个文件夹
创建时间:	2020年4月18日，12:21:36
属性:	■ 只读(仅应用于文件夹中的文件)(R)
	□ 隐藏(H)　　　高级(D)...

在［常规］选项卡下选中［只读（仅应用于文件夹中的文件）单选按钮，然后单击［确定］。接着在弹出的［确认属性更改］对话框中，选中［将更改应用于此文件夹、子文件夹和文件］单选按钮，然后单击［确定]按钮。

编辑专用的文件种类和应用

编辑专用文件指成员间共同使用的文件。比如，用于管理报价单编号和工序书编号等不能重复的编号检索表、在发送促销邮件广告时使用的送信表等

术语解说　本地文件

本地文件指转换为其他形式之前的原创文件。此书中指转换阅览用的PDF之前的Excel和Word文件。

等。再比如成员间的日程管理表、用于管理项目进度的进度管理表和工程表。
虽然编辑专用文件种类繁多，但无论哪一种都不会复制在本地使用，而且本身
就不能进行复制。当复制到本地后，该文件就不再是成员间共同使用的共享文
件了，这一点十分重要。成员不能移动文件位置，仅仅通过访问共享文件夹来
使用文件，这是编辑专用文件不可动摇的规则。如果成员们被允许将文件拷贝
到本地后使用，那就需要专门的人负责对成员们的编辑内容进行汇总和统一，
这么做就会浪费人力物力。而且，若把上述情况代入不允许重复的编号检索
表，那可能就会在汇总时发现重复吧。这时还需要重新调整编号，再把调整结
果告知下去，不仅麻烦还容易引发失误。

🔽共享文件夹内的文件种类和应用

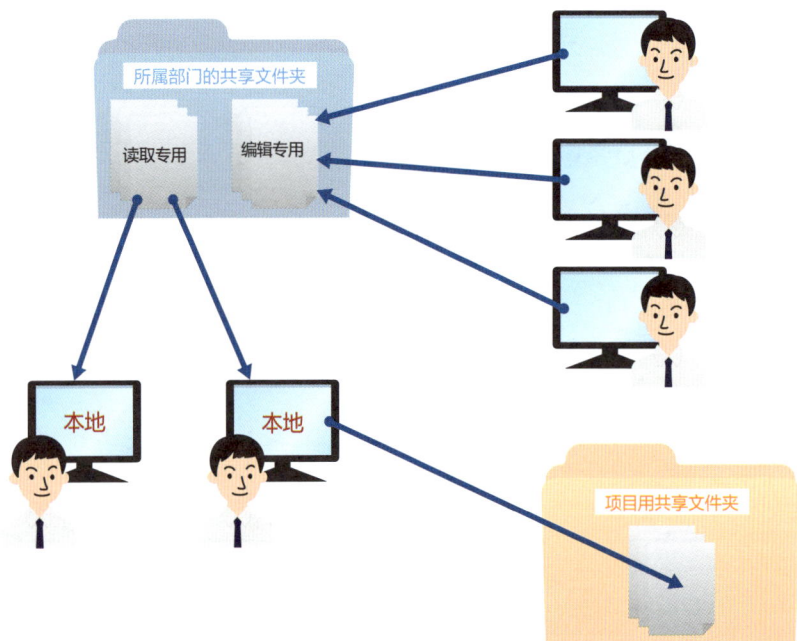

COLUMN　▶ 增生的克隆文件会招致麻烦

　　因为编辑专用文件需要每个成员都在共享文件夹内使用，所以如果已经有人
在编辑文件，则其他成员无法同时编辑该文件，需要等待该成员编辑完成，其他

成员才能编辑。这样，像编号检索表这类文件就能保证编号数据的一致性。

　　但是，也有因为要赶时间、打开共享文件夹再编辑太麻烦等理由，把编辑专用文件复制到本地的情况。这种情况下，事情往往不止复制这么简单。因为Excel是高度灵活和自由的软件，所以成员往往会按自己喜欢的形式编辑文件。换句话说，就增加了许多DNA被做了手脚的克隆文件，由此会导致许多问题。

　　下面介绍一则实际的问题案例。在A公司，有一项将通知文件、传单和印刷有顾客名的文件（以下简称文件A）随信寄送的作业。首先，就A文件而言，先要核对送信列表，检查有没有多余和遗漏，然后按照送信列表的顺序排列A文件（作业①）。接下来，把不同顾客的文件A与通知文件、传单封存在一起（作业②）。最后把根据送信列表制作的收件人标签贴上（作业③）。然而这时却出现了问题，收件人标签与作业①中排列的顺序不符。原因在于作业①和作业③使用的送信列表互为克隆文件，两张列表似是而非。另外，这项作业有两名管理者，原来两人在作业顺序上也没有做到信息共享。像这则例子中一样，没有按规则使用编辑专用文件会招致多余的回滚工作。这则例子还有后续。从顾全大局的角度，重新印刷作业③中的收件人标签是理想的对策，然而实际上并没有这样做。最近，严格管理经费、控制每位员工的印刷数量的公司不在少数。许多人觉得重新印刷太麻烦，所以就按现状凑合下去。这则例子中也同样，后面工序的作业者应付了所有问题。

文件共享后可以做些什么？

▶▶▶ 可以同时编辑工作簿。

　　对于Excel工作簿而言，如果只是想同时打开它，那就没有必要特地设置共享。只要上传至可以多人访问的文件服务器中，就可以作为读取专用（不能保存）的工作簿打开。而想要同时打开同一个工作簿，然后各自对其编辑的话，就需要设置［共享工作簿］。虽说是同时编辑，但各自的编辑内容无法实时显示。更改的内容基本上要在各自保存后才会显示。与多位用户同时使用时，他人的保存内容会在自己保存或关闭后显示出来。可参考下图。

◎同时编辑同一工作簿

用户A的作业流程

打开
更改A

保存
关闭

时间走向

用户B的作业流程

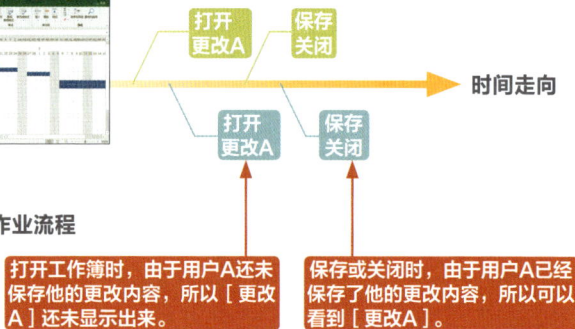

打开
更改A

保存
关闭

打开工作簿时，由于用户A还未保存他的更改内容，所以［更改A］还未显示出来。

保存或关闭时，由于用户A已经保存了他的更改内容，所以可以看到［更改A］。

术语解说　文件服务器

文件服务器指向LAN（local area network局域网）等小规模网络上保存文件的场所。该网络的用户可以共享文件。

如何设置共享工作簿

首先把想要共享的工作簿保存在其他人也可以访问的位置。打开该工作簿，设置［共享工作簿］。设置完成后，Excel的标题栏就会出现［已共享］字样。这样，可以接触到工作簿的人就都能够打开编辑了。

◐设置共享工作簿

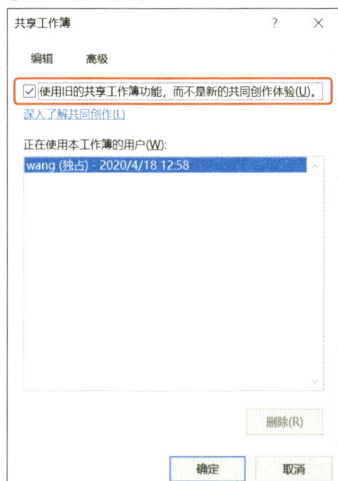

单击［审阅］选项卡下的［共享工作簿］按钮，勾选［共享工作簿］对话框内的［使用旧的共享工作簿功能，而不是新的共同创作体验］复选框，然后单击［确定］按钮。在接下来弹出的确认对话框中再次单击［确定］按钮。标题栏便会显示［已共享］字样。

One Point

共享后会有部分功能受限

在设置了［共享工作簿］的工作簿中，会有部分Excel功能受限。无法制作新的图表、表格和数据透视表。另外，还有合并单元格、删除工作表等功能也受限。

One Point

适合共享的表

共享工作簿不适用于像编号检索表这类不允许数据重复的表。共享工作簿往往适用于需要成员编辑各自数据的表，比如进度管理表、排班表、日程表等。

One Point

不知道什么时候共享被解除了？

就像设置［共享工作簿］时一样，谁都可以解除它。所以在实际使用中常常碰到问题。想要仅有负责人能够解除共享时，就不使用"共享工作簿"，而要通过"保护共享工作簿"同时设置密码和共享。这样，不输入正确的密码，就无法解除共享。共享的详细设置可以通过"保护共享工作簿"设置共享后，再在"共享工作簿"中进行设置。

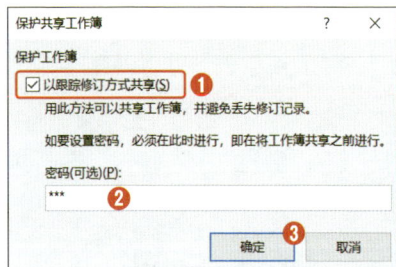

単击［审阅］选项卡下的［保护共享工作簿］按钮，弹出［保护共享工作簿］对话框。勾选［以跟踪修订方式共享］复选框❶，输入密码❷，然后单击［确定］按钮❸。之后，再次输入密码，确认保存。

可以确认有谁在同时编辑吗？

对于已共享的工作簿，想要确认都有谁在同时编辑该工作簿，要打开［共享工作簿］对话框。对话框中显示了现在使用该工作簿的用户名。在此显示的用户名是登录Excel使用的用户名，即在Excel右上角显示的名字。

◎确认编辑中的用户

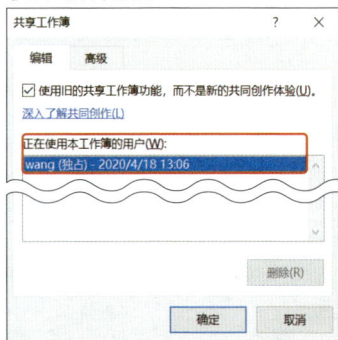

単击［审阅］选项卡下的［共享工作簿］按钮，弹出［共享工作簿］对话框，其中显示着自己和其他用户的名字。确认完成后单击［确认］按钮即可。

如何确认更改位置

打开共享的工作簿后，会显示最新的更改内容。但是，在工作簿中，至今为止的更改内容会作为"修订记录"留存，所以被谁更改以及更改了什么也是可以确认的。

位于更改位置的单元格，会根据不同用户以不同颜色的线条显示。若想确认是否有多名用户更改了同一位置的内容，需要用其他方法确认。

另外，不让工作簿显示更改内容，返回更改前的内容也是可能的（→P.203）。

⏺确认更改位置

单击［审阅］选项卡下的［跟踪更改］→［突出显示修订］按钮，弹出［突出显示修订］对话框。取消勾选［突出显示的修订选项］选项区域下的所有复选框❶，单击［确定］按钮❷。

更改过的位置会显示有色网格线。单击想要确认内容的单元格❸，会显示详细信息。

想要显示更改位置一览

勾选 [突出显示修订] 对话框内的 [在新工作表上显示修订] 复选框，新的工作表中就会一览显示更改位置、修订人、更改内容等详细信息。

	A	B	C	D	E	F	G	H	I
1	操作号 ▼	日期 ▼	时间 ▼	操作人 ▼	更改 ▼	工作表 ▼	区域 ▼	新值 ▼	旧值 ▼
2	1	2020/4/18	13:11	wang	单元格更改	进度表	F7	2017/2/22	2017/2/20
3									
4	历史记录的结尾是 2020/4/18 的 13:11 对所作更改进行保存。								
5									
6									

单击 [审阅] 选项卡下的 [跟踪更改] → [突出显示修订] 按钮，弹出 [突出显示修订] 对话框，勾选 [在新工作表上显示修订] 复选框。新的工作表中就会显示关于更改的详细信息一览。

修订记录会保存到何时？

"修订记录"的保存期限可以在设置共享工作簿时决定。超过这一期限，修订记录就会消失，无法再次加以确认。

在设置"共享工作簿"时，在 [共享工作簿] 对话框内的 [高级] 选项卡下可以设置保存的天数。

One Point

想要取消显示变更位置的有色网格线

想要取消显示通过［审阅］选项卡下的［跟踪更改］→［突出显示修订］显示的有色网格线，需要在［突出显示修订］对话框内勾选［在屏幕上突出显示修订］复选框。

▄▄ 决定是否显示更改内容

是显示更改内容还是放弃更改，也可以在事后决定。同一位置经由多人更改后，也可以决定最终显示哪个更改内容。要注意的是，这也只能在"修订记录"尚在的时候设置。

◉选择要更改的位置

单击［审阅］选项卡下的［跟踪更改］→［接受/拒绝修订］，弹出［接受或拒绝修订］对话框。勾选所有［修订选项］下的复选框❶，单击［确定］❷。

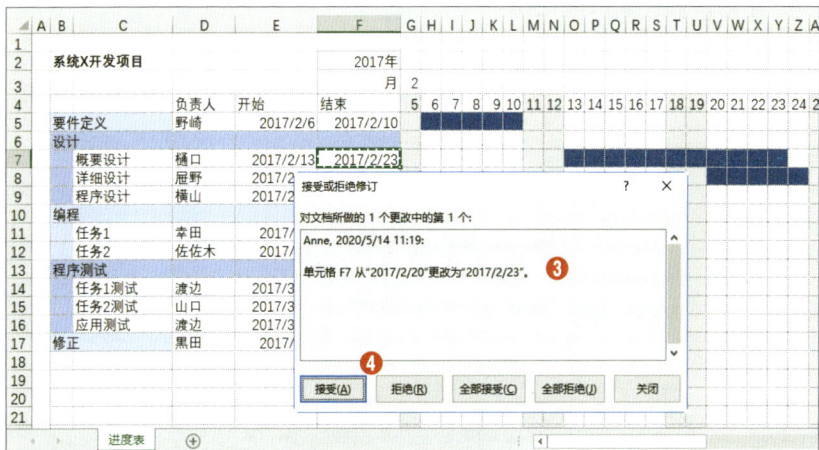

变更位置的单元格被选中，同时弹出了［接受或拒绝修订］对话框。想要接受修订时，就选中修订内容❸，单击［接受］按钮❹。

制作和他人共享的进度管理表

▶▶▶ 制作只要输入日期就会变色的甘特图。

　　"甘特图"经常用于项目管理、制造业的生产计划、作业和工序、人员的日程管理等等。甘特图使用有色横条来表示进度状况。要想在Excel中制作甘特图，需要填充单元格来作为甘特图中的横条。但是，若是手动填充单元格，就失去了使用Excel的意义。所以我们要做一份只要输入日期，对应的单元格就能自动填充的便利甘特图。

■ 什么是进度管理表？

　　进度管理表用于管理工作的开展进度，与日程表有些相似，但两者的一大不同在于通过进度管理表可以知道工作的完成点，即进度管理表可以展示工作从何时开始在何时结束，适合用于清晰展示这类内容的便是甘特图。甘特图是由美国人亨利·甘特提出的图表，具备日程表和To do 清单功能。因为甘特图经常用于进度管理表，所以有时进度管理表也被直接叫作甘特图。在以工作内容、工作地点或人为基准管理团队工作时，经常会用到甘特图。

■ 了解日期和星期的用法

　　不仅在甘特图，在Excel的表中也经常需要输入日期或星期。但是，日期和星期用起来往往不如想象中那样简单，反而经常招致输入失误、计算错误等问题。因此，最好让日期和星期自动显示，免去手动输入。在示例的甘特图中，只手动输入了作为基准的日期，其它日期都是自动显示，而且周六周日还会变色。做出这样的构造，日期的输入也就不是难事了。

YEAR函数/MONTH函数/DAY函数	找出指定日期的年/月/日
公　式	=MONTH（日期）/=YEAR（日期）/=DAY（日期）
说　明	YEAR函数、MONTH函数、DAY函数会查找指定日期的年、月、日，然后将其显示出来。

◉基于基准日期自动输入日期

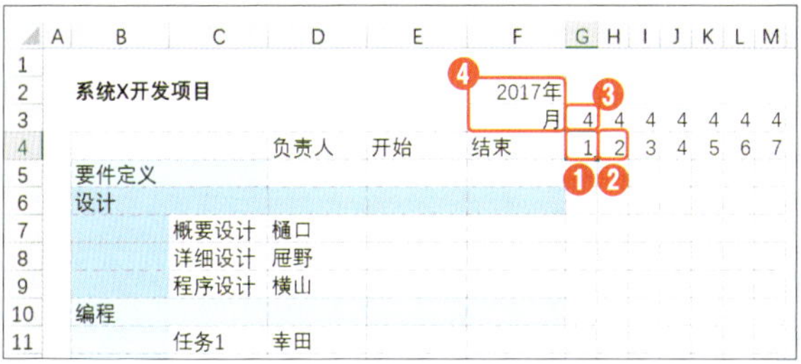

在单元格G4中以"年/月/日"形式输入起始日期❶。在单元格H4内输入公式"=G4+1"❷，向右填充。在单元格G3内，输入查找G4月份的公式"=MONTH(G4)"❸，向右填充。在单元格F2内，输入查找G4年份的公式"=YEAR(G4)&"年""❹。

COLUMN 共享文件和公司内部网络

　　虽然本章主要解说借助网络的文件共享方法，但是公司内部网络常常与安全性紧密挂钩，其使用规则也是因公司而异。因此，用于访问共享文件夹的用户、是否可以在公司外访问文件夹等问题最好向管理公司内部网络的人或者所属部门事先咨询。如果自诩了解网络而擅自进行相关设置，事后被指责违反规定也是有可能的。有时这类问题也可能出现在使用下一节介绍的OneDrive这类通用文件共享服务时。有的公司禁止使用这类服务。

▰▱ 通过"条件格式"实现自动变色

　　在本书中，无论是想让数值醒目还是提示输入位置，在各种场合都会用到"条件格式"。"条件格式"可以为符合条件的单元格和文字变色，同时也可以设置公式和函数，利用这一点便可制作甘特图。在进度管理表中设有三项"条件格式"，第一项让周六周日变色，第二项让在"开始"和"结束"处输入的日期变色，第三项让表示月份的文字在月初以外都变为白色。

⏱ 为周六周日填充颜色

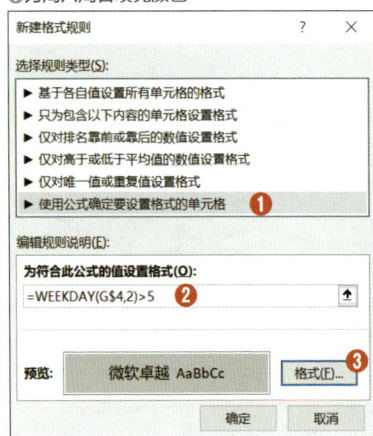

选中G4至BP30单元格区域，单击［开始］选项卡下的［条件格式］→［新建规则］。在弹出的对话框内选中［使用公式确定要设置格式的单元格］选项❶，输入公式"=WEEKDAY(G$4,2)>5"❷。单击［格式］按钮，设置单元格的填充颜色❸。
由WEEKDAY函数查找出的星期号大于5时（即周六周日），单元格会填充颜色。

其它设定如下。

⏱ 从开始日到结束日填充颜色

选中G5至BP30单元格区域，按照上文步骤输入公式"=AND($E5<=G$4,$F5>=G$4)"❶，单击［格式］按钮，设置单元格的填充颜色❷。
通过AND函数，日期同时满足开始日以后、结束日以前这两个条件的单元格会填充颜色。

⏱ 把月初以外的月份变为白色

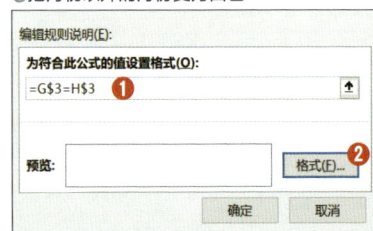

选中G5至BP30单元格区域，按照上文步骤输入公式"=G$3=H$3"❶，单击［格式］按钮，设置字体颜色为白色❷。
在第三行显示的月份数字相同时，文字就会变为白色看不到。

WEEKDAY函数　找出日期对应的星期号

公　式	=WEEKDAY（"日期"，"种类"）
说　明	按照"种类"找出"日期"中的星期号。把"种类"设置为2，则星期一至星期日依次按照1至7表示。

One Point

注意"条件格式"的优先顺序

当一个单元格设置了多个"条件格式"时，后设置的条件格式会处于优先位。在进度管理表中，周六周日变色和开始日至结束日变色，这两项条件格式可能会有重复的单元格。此时，比起周六周日更想要优先突出进度，所以先设置周六周日的条件格式，然后设置开始日至结束日的条件格式。想要更改优先顺序时，要在［条件格式规则管理器］对话框中改变顺序。

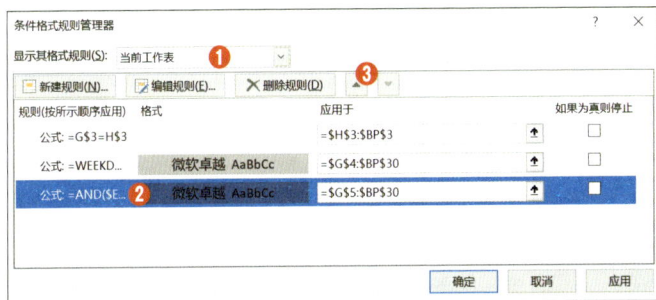

单击［开始］选项卡下的［条件格式］→［管理规则］，弹出［条件格式规则管理器］对话框。在下拉菜单中选择［当前工作表］选项❶，选中想要优先的规则❷，然后单击▲按钮❸。

One Point

如何删除"条件格式"

面对不需要的条件格式，可以打开［条件格式规则管理器］对话框，选中想要删除的规则，然后单击［删除规则］按钮。想要删除工作表内的所有条件格式时，单击［开始］选项卡下的［条件格式］→［清除规则］→［清除整个工作表的规则］选项即可。

COLUMN 保证共享工作簿不被破坏

面对共享工作簿，最好了解清楚其使用方法。多人共享时，工作簿内的公式和条件格式被删掉、格式被破坏都是可能的情况。为了避免这些问题，先设置好数据验证和保护工作簿后再进行共享。

想在网络上与他人共享工作簿

▶▶▶ 可以利用网络服务进行Excel工作簿的共享。

在网络上可以十分便捷地共享Excel工作簿。只要可以联网，身在何处都能够使用文件，所以和公司外部的人共享文件也是可能的。

想要在网络上共享，就需要先把文件放置在网络上，因此需要用到提供这种功能的服务。在Excel和Word内可以免费试用同为微软公司提供的OneDrive服务。在此介绍借助OneDrive共享工作簿的方法。

◉OneDrive的页面

在OneDrive内放上想要共享的文件，与特定的人共享。向OneDrive的保存（上传）和共享设置等可在Excel内进行。

OneDrive共享与"共享工作簿"不是一回事

Excel和Word等微软公司的产品具有在OneDrive上便捷共享的功能。从Excel和Word的页面就可以直接打开OneDrive，然后邀请想要共享的人。就算对方没有Excel和Word，只要能够联网，就可以用网页版Excel（Excel Online）打开文件，还可以实时显示更改内容，实现共同作业。

请与"共享工作簿"分开看待。

在OneDrive上保存后共享

把想要共享的文件保存至OneDrive、向想要共享的对象发送邀请邮件，这一系列操作都可以在Excel页面右上角的"共享"处进行（Excel 2016）。另外，[文件]选项卡下的[共享]功能也可以实现以上操作。共享类型分为"可编辑"和"可查看"，两者选其一。

⚙在OneDrive上共享

打开想要共享的文件，然后单击[共享]❶。[共享]窗口展开后单击[保存到云]按钮❷。在显示的另存为页面，把保存位置设置为OneDrive后保存。

输入想要共享对象的邮件地址❸，把共享类型选为"可编辑"❹，输入邮件内容，然后单击[共享]按钮❺。

One Point

收到邀请邮件后怎么办？

收到邀请邮件的用户需要点击邮件内的链接，接着共享的工作簿会在网络浏览器中打开，在网络浏览器内可以使用网页版Excel（Excel Online）进行查看和编辑。

关于公司内信息管理

为了从外部的恶意攻击下保护数据或是防止信息外泄，公司会采取多种多样的对策。以下介绍多个公司对策的案例。

● **病毒邮件预防演练**

没有事先预告，向公司内发送模拟病毒邮件，如果不小心点击也不会打开。一旦点击，IT管理部门便会立刻知道是谁、何时点击了邮件。

● **限制业务以外的访问权限**

禁止访问娱乐网站等与工作无关的网页，禁止使用外部的在线存储服务。

● **可移动磁盘的使用限制**

便捷的USB存储设备是信息泄露的原因之一。一个部门只有2~3个存储设备，而且保管在带锁的柜子内。想要使用的人需要上交申请书，经批准后由IT管理者亲手交付。

● **通过软件监视系统揭发违反许可的软件**

公司内的电脑中安装的软件信息会定期被监视系统抽取，然后与和公司签订合同的软件许可证对照查验。一旦发现未经许可的软件被安装在电脑上，系统会揭发并警告。

● **利用没有硬盘的笔记本电脑防止信息泄露**

通过使用瘦客户机，被拿到公司外的笔记本电脑由于没有硬盘所以里面没有数据。

术语解说

瘦客户机

用户使用的电脑只具有最低限度的功能，所有数据在服务器上处理，用户的电脑画面上只显示服务器返回的处理结果。

第 11 章

把工作表
作为方格纸使用

方格纸工作表可以干什么？

Excel工作表是行列分隔的单元格的集合。通常会把单元格调宽以适应数值、公式等的输入。若把单元格的宽度和高度调成相等，那么单元格就会变为正方形，而整张工作表就会变成被横竖等间隔的线分隔的方格纸。像这样把工作表变成方格纸，可以制作表和文件。但是，有一点需要注意。随意使用方格纸工作表也有可能对业务造成麻烦。应该了解好在什么场合和条件下使用方格纸工作表为好。

把工作表变为方格纸后制作的申请书

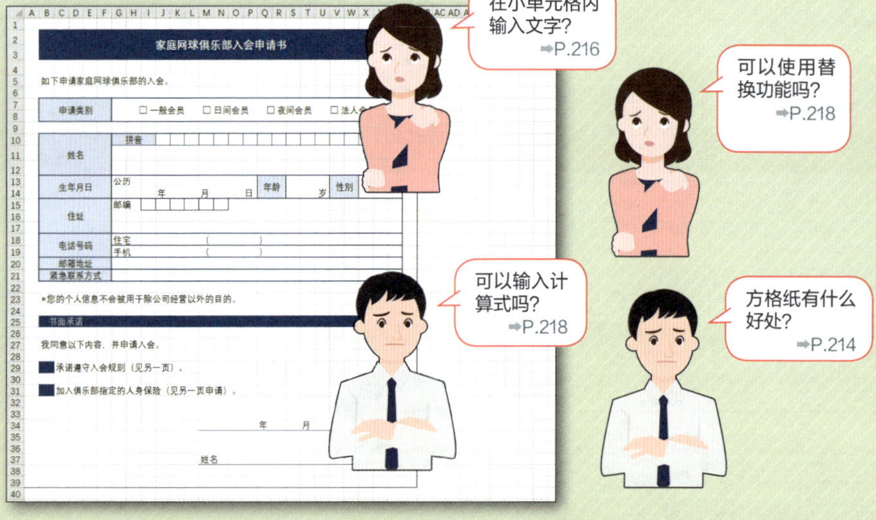

在小单元格内输入文字？
➡P.216

可以使用替换功能吗？
➡P.218

可以输入计算式吗？
➡P.218

方格纸有什么好处？
➡P.214

▶▶更多疑问及顾虑

▶更多方格纸的使用案例

把工作表变为方格纸后制作的商务文件和业务流程

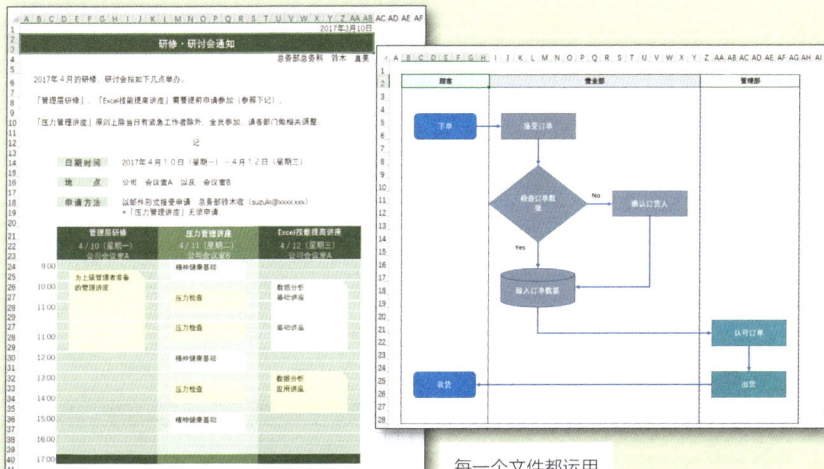

每一个文件都运用了许多图形。

把工作表变为方格纸，填充单元格制成的地图

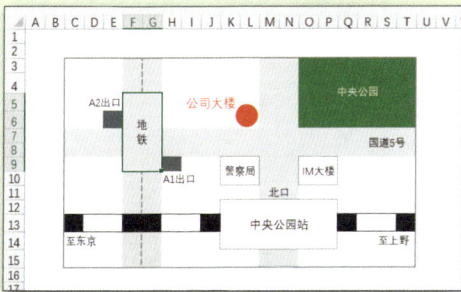

组合图形与单元格后制成地图。工作表像这样变成方格纸后就容易测定距离，因此制作起来容易。

▶使用方格纸的好处

　　把工作表设置成方格纸，就可以制作含有许多复杂格线的表（如上左图）了。按照通常的方法使用工作表是做不出这类表的。在配置图形和制作简单图时，方格纸也更为有利。虽然是颠覆了单元格和工作表概念的使用方法，但已经被普及和广泛利用。

哪些地方适合用方格纸?

▶▶▶ 以"印刷"为首要目的的表和文书。

不是所有表都可以用方格纸,最能发挥方格纸作用的是以印刷为目的的表,也就是文书。下图的例子是填写姓名、住址等信息的申请书,也没有公式,这是为打印后手动填写的,不需要在电脑页面上填写。特别是制作像下图这样含有许多细微的格线的表,使用方格纸最为合适。

◑方格工作表的印刷结果

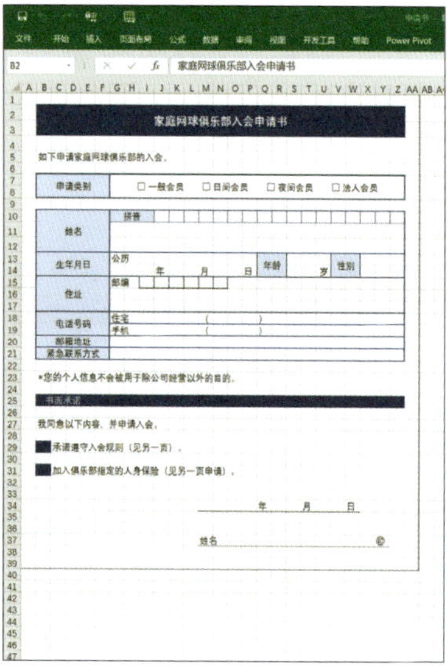

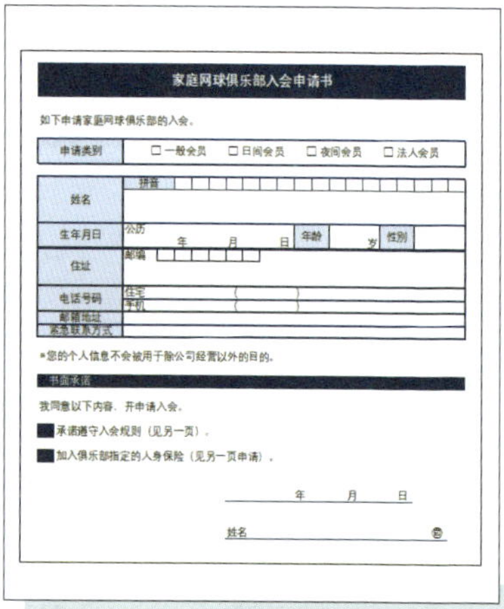

最终要以印刷形式使用的文件最好用方格纸制作。特别是含有复杂格线的表,用方格纸更为方便。而要在电脑页面上输入数据的表或文书则不适合方格纸。

▰▰ 在处理图形时方格纸也十分有用

要制作带有图形或图片的表和文书十分费时费力,然而把工作表设置为方格纸的话,描绘和放置图形都会变得简单。因为图形可以沿网格线放置,所以像方格纸这样单元格细小的话,就更能自由地放置图形。在使用图形制作的流程图或业务流程中,必须要保证图形的整洁,使用方格纸也能轻松实现。

◐业务流程

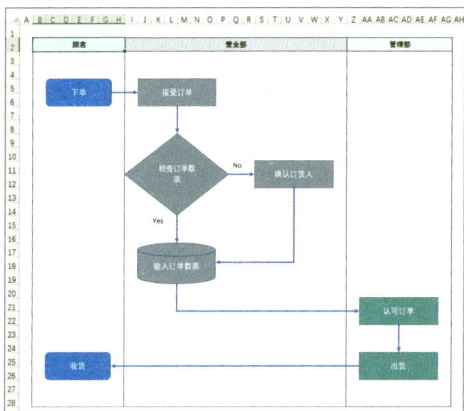

可以在由格线分隔的泳道内整齐地放置图形。右图所示的业务流程可以使用方格纸轻松制作。

▰▰ 方格纸工作表被应用于多种场合

　　把工作表作为方格纸使用与DTP作业有几分相似。整齐地排放文字、表、图形，然后印刷，这与DTP作业高度吻合。在不需要对数据进行统计和使用数据库，只是为了制作印刷文件时会经常使用Excel方格纸。最常见的就是用方格纸再现现有的纸质文书，这样就能随时在页面上打开文件，进行简单的输入，很便利。另外还有发给顾客的图解资料、整理设计的传单等不需要特地用Excel制作的文件，只是为了保证印刷效果，都可以用Excel方格纸。Excel方格纸是除了统计和数据管理以外的又一项Excel功能。

术语解说　流程图

使用记号展示工作流程的图表。用图形和箭头把步骤和工序按从上至下的顺序排列。在程序制作上，流程图常常被用作数据流向和处理工序繁多的程序的设计图。

术语解说　业务流程

与流程图一样，用于表示作业步骤和工序的表。作业负责人能够看懂的格式是业务流程与流程图的不同点。

　　另一方面，有时一些文书明明使用Excel本来的使用方法制作更有效率，却还是用方格纸制作，比如订单（→第六章）。然而在工作中确实有必须特地使用方格纸的理由，那就是要让所有人都能快速制作Excel的印刷文件，如果还要关联数据库、参考数据，那就无法保证人人都能完成工作。虽然Excel水平会因人而异，但能有效提高工作效率的其实还是最简便的办法。指出还有更好的办法很简单，但在此之前应该先想想为什么特地使用方格纸。

　　错误地使用Excel方格纸还是必须避开的。仔细观察如何使用方格纸制成文书，对于效率明显降低的事例则需要改进。

COLUMN　**方格纸的劣势**

　　虽然以上内容介绍了方格纸的便利性，但是方格纸当然也有它的劣势。比如以下这种一个方格一个方格地输入文字的情况。

应该严加避免在一个单元格中输入一字的现象。左图仅仅重视外观，没有考虑到输入操作和数据应用。

　　请试想一下在这里使用键盘输入数据的情形，以及之后如何使用这些数据。

　　在本书的1~3章也介绍过，要想有效利用收集好的数据，那么一个单元格一项数据是不能动摇的规则。想必大家都能想象到上图这样一个单元格一个文字的表在转变为数据库使用时是多么麻烦。

术语解说　**DTP（DeskTop Publishing）**

DTP指用电脑对文书、报纸和杂志等印刷物进行编辑、设计、排版。

如何把工作表变为方格纸？

▶▶▶ 让工作表内所有的行高和列宽都相等。

在Excel 2019中，行高默认为19像素，列宽默认为72像素。虽然把列宽依照行高设置为19像素，工作表就能变成方格纸，但是出于一定原因，最好把行高也做一定更改。并且，由于Excel版本和主题的不同，单元格的默认行高不一定是19像素。

◍把列宽和行高设置为24像素

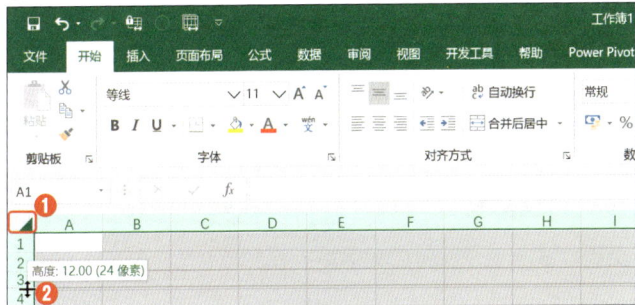

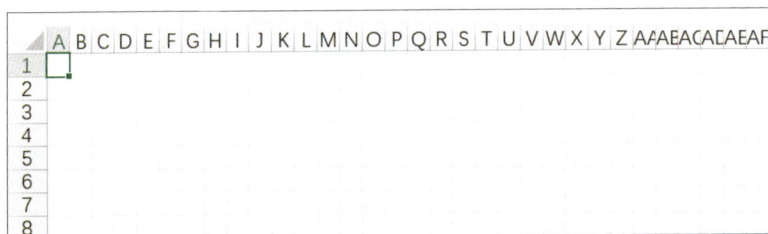

单击工作表的左上角❶，全选工作表。然后将光标移到任意行线上并拖曳❷。这时会显示出行高，调整至24像素。根据相同的方法调整列宽为24像素。

术语
解说　**主题**

在 [主题]（[页面布局] – [主题]）选项组中包括字体、颜色、图形效果。Excel 2019默认采用Office主题。

One Point

更改行高的理由

　　Excel具有自动调整行高的功能。在文字大小或字体发生改变时，为了让文字完整显示，Excel会自动调整行高。为了让自动调整行高功能失效，需要特意更改行高。一经更改后，就算字体和大小改变，行高也会保持不变。

更改文字的大小或字体后，行高会自动调整❶。手动更改行高后，自动调整功能被解除，行高会一直保持不变❷。

▰如何输入文字？

　　输入文字时还是在单元格中输入。但是，像标题文字这样需要对齐、调整文字大小，在保证美观的情况下，需要把文字显示范围的单元格区域合并，然后再输入文字。

⏺在单元格内输入文字的基本方法

对想要让文字对齐、变大的位置，选中单元格区域，单击 [开始] 选项卡下的 [合并后居中] 按钮，然后输入文字❶。对于不需要调整文字位置和大小的，只要在单元格内输入文字即可❷。

　　但是，如果把含有计算数值的单元格合并，就会产生许多意想不到的错误，阻碍数据的替换和筛选。所以，最好仅为"印刷专用"的表使用方格纸工作表。

想要制作美观的商务文书

▶▶▶ 需要特别注意字数繁多的长文的排版。

对于印刷后分发的商务文书而言，排版尤其重要，所以适合用方格纸制作。尤其是需要在其中放置复杂的表和图形时，更显得方格纸的便利性。只是，在输入长文本时需要特别注意。

要在重复使用的基础上更改一部分内容时，要先复制工作表，再进行更改，保留原工作表。

⊙用方格纸制作的商务文书案例

含有文书标题、正文、备注、表和图形等多种内容的商务文书，可以用方格纸制作，呈现美观的效果。

如何让长文本拥有美观的排版

Excel工作表本身并不适合输入长文本，因为单元格基本上只会显示一行文字。这时，想要让长文本美观，就要进行以下设置。

①**合并单元格**　　准备列宽和行高足够完整显示长文内容的单元格

②**自动换行**　　超出单元格宽度的内容会换行显示

③**设置文字的纵向位置**　　通过在单元格内分摊多行就能改变文字行距

⊙在合并的单元格内输入长文本的案例

	A	B	C	D	E	F	G	H	I	J	K	L	M	N	O	P	Q	R	S	T	U	V	W	X	Y	Z	AA	AB	AC	AD
1																									2017年3月10日					
2													研修・研讨会通知																	
3																														
4																	总务部总务科　铃木　直美													
5																														
6	2017年4月的研修、研讨会按如下几点举办。																													
7																														
8	「管理层研修」、「Excel技能提高讲座」需要提前申请参加（参照下记）。																													
9																														
10	「压力管理讲座」原则上除当日有紧急工作者除外，全员参加。请各部门做相关调整。																													
11																														
12														记																

按下 **Alt**+**Enter** 组合键可以在单元格内强制换行。

`COLUMN`　**特地用Excel制作的理由**

　　虽然人们常常认为商务文书理所当然应该用Word制作。实际上，要用Word制作像P.219中的文书是相当困难的。在Word中，即便可以轻松输入长文本，但是制表却十分费时。因为Word中仅有用于输入文字的"行"，所以插入的表格会被认定为对象，要调整表的大小和位置等等，操作十分麻烦。而在Excel中，本身就是工作表，所以只要调整一下网格线和颜色就能完成排版。在制表方面，Excel比Word简便许多。

如何让图形拥有美观的排版

　　在Excel中，可以轻松地对图形、照片、插图等对象进行排版。在方格纸中，利用工作表中细微的横竖网格线，可以轻松调整大小和位置，也可以让对象自动对齐网格线。

◉让图形对齐方格纸的网格线

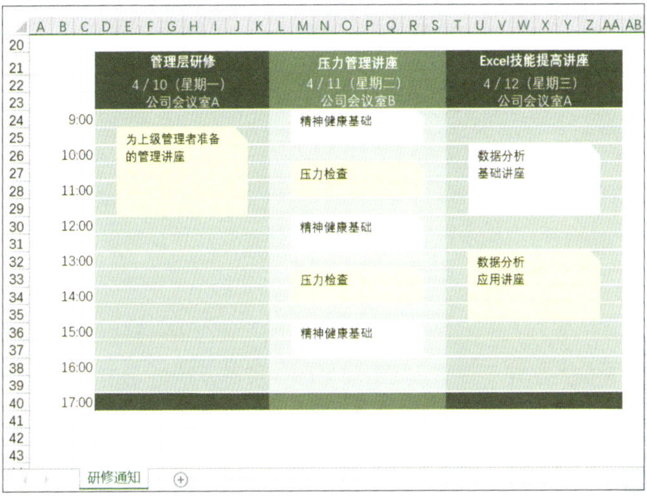

要想让图形自动对齐方格纸的网格线，就要选择[页面布局]选项卡下的[对齐]–[对齐网格]选项。

COLUMN 在系统开发中使用的Excel方格纸

为了开发电脑系统，会产生作为设计图的文件（设计书、工序说明书），这些文件中经常使用含有多个图形的构造图、流程图。在这一工作中常见的就是Excel方格纸。虽然也有专门的软件，但是多数人还是使用随处可得而且用习惯了的Excel。但是，出于文字输入不便等原因，不是所有人都赞同使用Excel方格纸的。

设计书基本都由团队共同制作，所以应当选择便于大家使用、便于转接的方法，但Excel方格纸在这一点上仍有不足。

术语解说 **对象**

在Excel中，除了单元格内的数据外，所有放置在工作表上的内容都被称为"对象"，例如图形、照片、插图、图表等。

想要了解业务流程图的读法和做法

▶▶▶ 用图形展示业务的流程和步骤。

业务流程图是用图展示业务程序，是图解形式的业务流程与步骤。有像作业指导手册这样详细的版本，也有像提交给顾客的经营资料这样简易的版本，"业务流程图"的内容和设计多种多样。

用于公司内信息共享的业务流程图，可以看出现在谁在进行哪道工序、进行到什么地步（或者是否已经完成）。因为能够纵观业务全局的走向，所以在多人协作的业务中，业务流程图可以达到明确自身业务范围、成员间顺利交接工作的效果。以图示化后，作业流程中出现问题也容易被发现，将有效提高工作的效率。

另外，虽然这类图有时被叫作"流程"或"流程图"，但是在本书中，用"泳道"区分"作业负责方"的图解被称为"作业流程图"。

◉使用方格纸工作表的业务流程图

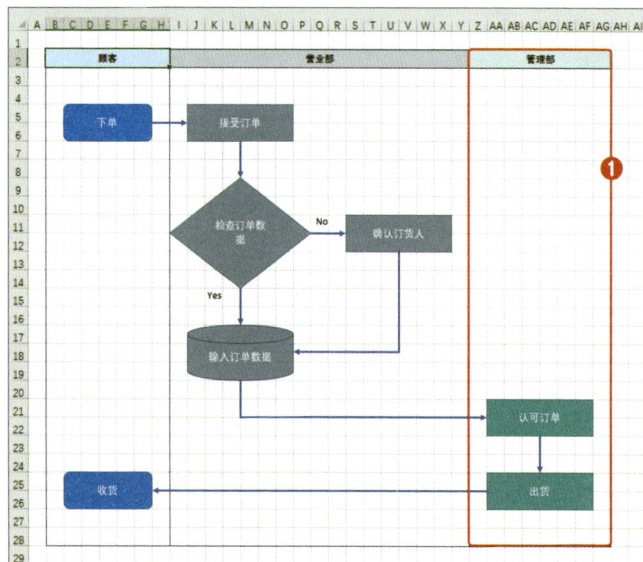

在图例中，业务流程按照从订货、接受订货、到商品寄送这一系列流程的各个负责部门划分的列，即"泳道"❶来展示。

遵照公司内的规定制作业务流程图

业务流程图的使用前提是和公司内的成员共享。这时，公司内可能存在有关业务流程图的制作软件、制作方法的规定，也有直接编入公司业务系统内的情况。以上情况下，必须严格按照专用软件、规定来制作业务流程图。

若没有类似规定，则可以自由制作。本书中采用了纵向泳道，也有采用横向泳道的制作方法。在Excel和Power Point中也有许多相关模板，可供参考。

One Point

常见于业务流程图中的图形

业务流程图中常用的图形如下表所示。可通过Excel的［插入］选项卡下的［形状］-［流程图］区域中添加。只要有了表中前三个图形，就能做出展示业务走向的流程图。为了更直观清晰地展示效果，还可以利用"系统"和"文件"形状。

分类	图形	含义
开始（结束）		用圆角四边形表示业务的开始和结束
过程		用四边形表示实际发生的作业
决策		当有分歧时，在菱形的左右或下方划出多个线条表示分歧
系统		表示利用系统的处理工序。在数据输入等作业处使用
文件		表示文件。多指订单的发票

如何制作业务流程图

制作业务流程图，必须绘制图形，排列出美观的布局。虽然有专业的绘图软件，但只要组合运用Excel的方格纸和图形，就能比想象中更轻松地制作业务流程图。首先，作为准备工作，把工作表设置成方格纸，选择适当的列数当作一个泳道，再用颜色区分不同泳道。泳道的宽度也可以之后调整，所以一开始不用十分精确。要绘制的图形可以从［插入］选项卡下的［形状］-［流程图］区域中选取。

⊙在方格纸中划出泳道，绘制图形

泳道的宽度可以通过在工作表中增加或删除列❶来改变。只是，为了保证图形不被破坏，注意要在没有放置图形的位置操作。按着**Alt**键绘制图形可以保证图形沿网格线对齐。

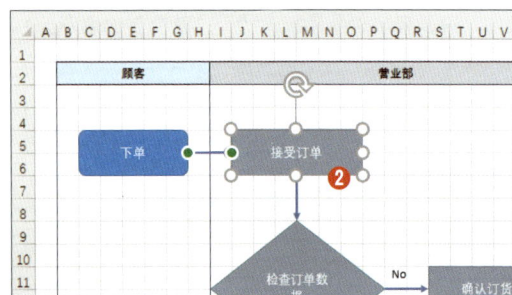

想要用带箭头的直线连接图形时，选择直线箭头形状，将光标放在其中一个图形上就会显示连接点❷。拖曳绘制线条，即使拖动图形，线条也会跟着移动。

COLUMN　首先从何开始？

　　显而易见，制作业务流程图，必须先熟知业务全局和流程。越是复杂的业务，涉及到的部门和流程也越多，因此一次为其做出正确的业务流程图略显困难。在此，为了搞清楚整体流程，可以先省略细节作业，手绘出一份概要流程图。总之最重要的是先试着做出一份流程图，这时要明确业务开始和结束时的事项，比如从"顾客的电话下单"开始，以"顾客收货"结束。

　　接着，业务流程图的泳道越多，作业工序也越多，流程图也就越复杂，所以尽量减少泳道，让图简单易懂。在相关部门很多的情况下，可以减少泳道、对业务分块。而且，不是必须要用部门划分泳道，也可以像"事务处理"、"销售负责人"这样，简化为职责或人员。

有没有只有方格纸才能做到的事?

▶▶▶ 通过为单元格填充颜色制作的地图和图案等。

通过填充方格纸中的单元格颜色可以制作出图案。下图所示地图便是通过填充单元格颜色、绘制边框后制成。组合矩形和直线等图形也是制作地图的一种办法,但是设置图形大小和颜色会耗费不少时间。只有方格纸仅仅通过填充单元格颜色就能制作出地图。

另外,用此方法制作的地图也可以作为图片使用。用方格纸制作的地图或图案,可以作为图片粘贴到其它工作表甚至Word文档中。

◑通过为单元格填充颜色来制图

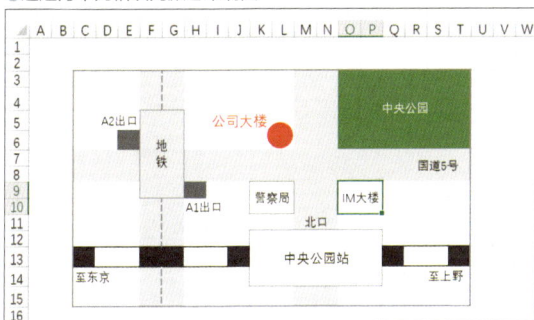

为方格纸中的单元格填充颜色,根据需要合并单元格和输入文字。为车站、建筑添加边框。此方法适用于仅含直线的简单地图。

如何把图做得更好看

用Excel制成的东西,无论是表、图表还是图,是不是都有一种土气的感觉呢?这可能是"颜色"导致的。如果一直使用着默认的Office主题,可以试一试在[页面布局]-[颜色]列表中更改配色。仅仅改变颜色就能够改变给人的印象。

如何使用在方格纸上制成的图

对于填充了颜色的单元格区域,只要通过粘贴选项中的"图片"就能将其作为一整张图片使用。图片大小可以在粘贴后再调整。商务文书中的地图可以制作一次后重复使用。

◉作为图片粘贴后使用

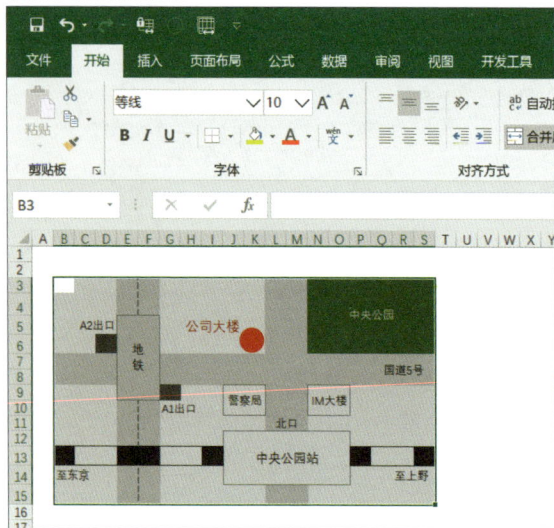

因为粘贴为图片时会完全按照原样复制，所以先取消勾选 [视图] 选项卡下的 [网格线] 复选框，隐藏工作表中的网格线。接着再复制地图的单元格范围。

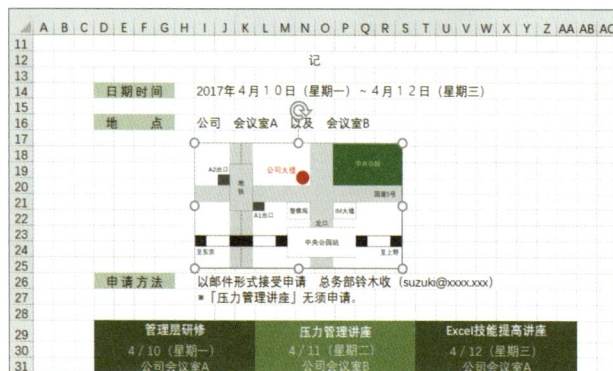

选择粘贴位置，也就是 Word 页面，从粘贴选项中选择 [图片] 选项。可以拖动边框来调整图片的大小。

第 **12** 章

既想编辑数据
又想方便打印就和
Word配合使用

择优选择Excel和Word
来提高制作文件的效率

可以处理表格、图表、计算、数据分析、文书的Excel可谓是万能软件，却唯独不适用于印刷。尤其在更改一部分数据的同时连续打印时，搭配擅长印刷工作的Word可以事半功倍。

活用Excel表的收件人标签

关联？
➡右下

	A	B	C	D	E	F	
1	应聘管理ID	接受日	姓名	邮政编码	都道府县	市町村地名	地址
2	201704-001	2017/3/1	浅野 敦	203-0051	东京都	东久留米市小山	3-X-X
3	201704-002	2017/3/1	绫濑 晶子	231-0048	神奈川县	横浜市中区蓬莱町	1-XX-XX
4	201704-003	2017/3/1	甲斐 久美	195-0061	东京都	町田市鹤川	2-X-X
5	201704-004	2017/3/1	新藤 贵俊	340-0001	埼玉县	草加市柿木町	5XX-3
6	201704-005	2017/3					
7	201704-006	2017/3					
8	201704-007	2017/3					

203-0051
东京都东久留米市小山
3-X-X
河畔 2XX

浅野 敦 先生/女士
201704-001

231-0048
神奈川县横浜市中区蓬莱町
1-XX-XX

绫濑 晶子 先生/女士
201704-002

195-0061
东京都町田市鹤川
2-X-X
东部高地 1XX 号室

甲斐 久美 先生/女士
201704-003

340-0001
埼玉县草加市柿木町
5XX-3

新藤 贵俊 先生/女士
201704-

确实，有时候Excel中的表虽然看起来是完整的，但印刷出来却少一截。

收件人标签只要保证寄到就行了，外观并不重要吧？
➡P.231

▶▶更多疑问及顾虑

▶更多活用了Excel表的Word文档

插入Excel数据的指引文档

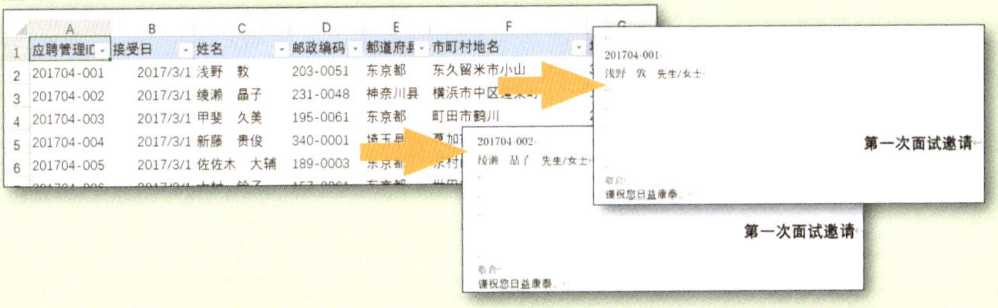

关联粘贴Excel表的报告书

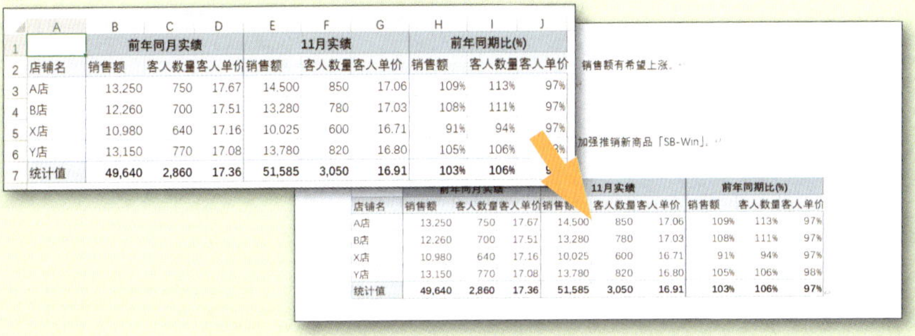

▶把Excel中的数据和表与Word文档关联在一起

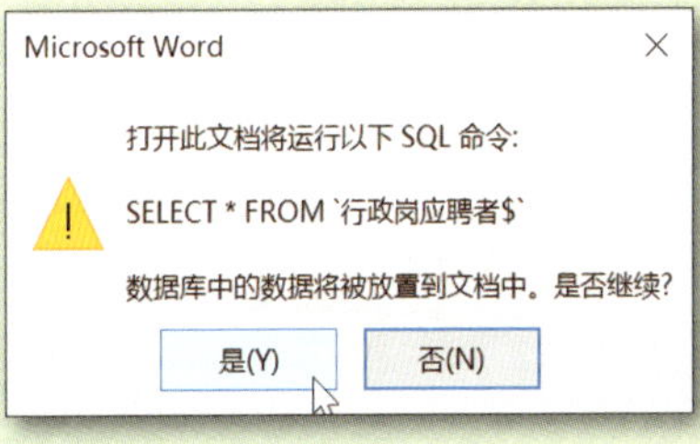

　　此处的关联是指链接Excel中的表和Word文档。此项功能的使用方法是把Excel中的数据插入Word文档或者把Excel中的表粘贴到Word文档。在这种情况下，Excel被称为链接源，Word被称为链接对象。链接对象存有链接源的保存位置，打开链接对象的

Word文档，就会弹出与链接源Excel链接的信息的提示对话框（如上图）。单击"确定"按钮后成功链接，当Excel内的数据发生改变，Word文档也会更新。

什么是邮件合并？

▶▶▶ 把数据库的数据插入文档内指定位置，一件一件替换数据的同时打印的功能。

邮件合并的原理同制作新年贺卡明信片的软件原理一样。明信片软件既可以在明信片的指定位置替换住址数据，也可以打印。Word的邮件合并也是与数据库组合，在明信片、标签、信封、信函上使用数据库的数据后打印。

◑邮件合并的原理

●用Excel制成的数据库

顾客ID	姓名	邮政编码	地址	门牌号	电话
CU001	山田花子	203-0051	东久留米市小山	3-X	090-8▲▲-▲▲X
CU002	青山达树	195-0061	町田市鹤川	2-X	080-5▲▲-▲▲X

使用数据库的列标题排版

●用Word制成的收件人标签的母本

```
邮政编码              邮政编码
住址 门牌号           住址 门牌号
姓名                  姓名
编号：顾客ID          编号：顾客ID
```

●插入数据后的收件人标签

依照排版插入数据库的对应数据

```
203-0051             195-0061
东久留米市小山3-X     町田市鹤川2-X
山田花子              青山达树
编号：CU001          编号：CU002
```

上图展示的是收件人标签的例子。可以选择需要用于打印的列数据，所以即便数据库中包含无关的数据也没关系。其他用途还有向指引文档中插入姓名后打印、在报告书指定位置插入数值后打印。

收件人标签不是只要保证寄到就行了吗？外观也很重要吗？

▶▶▶ 细节会影响顾客的满意度。

在现代社会，商品和服务很难有太大差别。在多数公司都提供同样的商品和服务时，细微之处就会影响顾客满意度。顾客满意度降低的起因在于顾客认为理所当然应该做到的事情，实际上却没有做到。收件人标签与商品和服务本身相去甚远，而且属于细微之事，因此尽管标签本身的目的只是保证寄送至目的地，实际上还会影响给收件人留下的印象。下右图的标签给人粗糙、不认真的印象。制作美观的标签本该是理所当然的事情，所以右侧的标签无法给人留下好印象。

🔅收件人标签给人留下的印象

203-0051 东京都东久留米市小山 3-4XX-XX 东住宅区 103号 山田花子	203-0051 东京都东久留米市小山3-4 XX-XX东住宅区 10 3号 山田花子

看到右侧的标签，会有不少人想"这是什么"。仅凭这一点，失去顾客的风险还不算高，但如果之后顾客对商品或服务不满意，再和收件人标签这种细微之事联系起来，失去顾客的风险会顿时升高。

COLUMN 就像是纸牌游戏一样

有一次我听说朋友在做收件人标签时发生的事。据说，已经事先准备好了寄送列表、信封和收件人标签，只要把100枚左右的标签贴上就好了。然而，却发生了许多问题：寄送列表和标签的顺序不符、掺杂了许多字体不同的标签、排版错乱、数量不足。看来，这些标签是根据地址簿一个一个复制粘贴做成的。为了确认无误，听说把信封按寄送列表的顺序重新排序，再一边看着列表一边找标签，花费了一个小时才贴好。朋友回忆道就像是纸牌游戏一样。如果使用邮件合并，就能在统一的排版中，把寄送列表中的数据按顺序插入然后打印。这样寄送列表和标签的顺序也不会错乱，能节省不少作业时间。

如何制作收件人标签？

▶▶▶ 只要做好准备工作，之后仅以对话形式就能制作完成。

　　只要事先做好准备工作，之后仅靠对话形式向导就能做出收件人标签。准备工作包括地址簿、销售记录，甚至还有业务专用的收件人标签。

用一件一行的数据库准备地址簿

　　地址簿要用一件一行的数据库制作。只要有了用Excel制作的地址簿就能马上派上用场。为了不在地址中间换行，地址要拆分成多个列输入。如果地址被整合在一个单元格内，可以用函数拆分（→P.242）。

🕒 准备好一件一行形式的地址簿

	A	B	C	D	E	F	G	H
1	应聘管理ID	接受日	姓名	邮政编码	都道府县	市町村地名	门牌号	建筑名
2	201704-001	2017/3/1	浅野　教	203-0051	东京都	东久留米市小山	3-X-X	河畔2XX
3	201704-002	2017/3/1	绫濑　晶子	231-0048	神奈川县	横浜市中区蓬莱町	1-XX-XX	
4	201704-003	2017/3/1	甲斐　久美	195-0061	东京都	町田市鹤川	2-X-X	东部高地1XX号室
5	201704-004	2017/3/1	新藤　贵俊	340-0001	埼玉县	草加市柿木町	5XX-3	
6	201704-005	2017/3/1	佐佐木　大辅	189-0003	东京都	东村山市久米川町	4-XX-XX	
7	201704-006	2017/3/1	古村　铃子	157-0061	东京都	世田谷区北乌山	2-X-X	乌山公寓3XX
8	201704-007	2017/3/2	田中　希美	252-0187	神奈川县	相模原市绿区名仓	3XXX	绿色高地2XX

把住址拆分为都道府县、市町村地名、门牌号、建筑名四列。可以利用顾客主数据等已经做好的数据库。

准备收件人标签

　　收件人标签要先查找包装上的供应商和产品编号。Word中已注册供应商和标签的产品编号，所以通常只要选定供应商和产品编号，就会自动形成标签的母本。Word中未注册的收件人标签也可以单独设置。想要确认已注册的标签和新建标签，可单击Word的［邮件］选项卡［开始邮件合并］→［标签］按钮，在弹出的［信封和标签］对话框中单击［选项］按钮，打开［标签选项］对话框并进行操作。

◐确认收件人标签

单击［标签供应商］下三角按钮，从下拉菜单中选择供应商❶，然后确认产品编号❷。确认好已注册的标签后单击"取消"按钮❸。

若没有需要的标签，可以单击［新建标签］按钮❹。

◐新建收件人标签

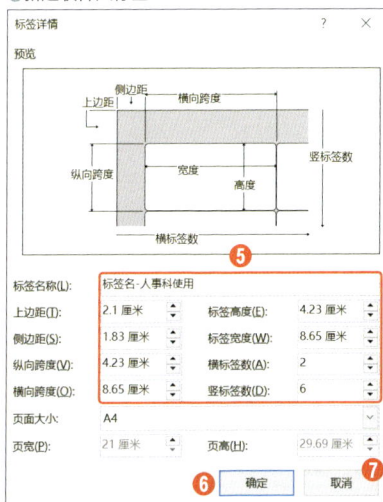

单击上图中的［新建标签］后❹，弹出设置尺寸的对话框，设置标签名称和尺寸即可❺。输入尺寸时，可以依据对话框［预览］区域查看效果。输入完成后单击［确定］按钮❻即可注册完成。在［标签选项］对话框内再次单击［取消］❼。

另外，仅需注册一次，已注册的标签只要不删除就会一直保留。

▇▇ 通过邮件合并分步向导制作收件人标签

只要使用对话形式的分步向导，就不用特地记住繁多的步骤了。操作顺序如下：选择标签→选择地址簿→把地址簿的数据排布于标签中→打印或者另存为新文件。那么现在从头再详细介绍吧。

打开Word，创建空白文档，单击［邮件］选项卡下的［开始邮件合并］下三角按钮，选择［邮件合并分步向导］选项。在画面右侧会显示［邮件合并］窗口。此处便是分步向导的起点。一共有6个画面，随着每个画面都会1/6、2/6这样一步一步进行操作。在此按顺序逐步解说。

◐选择标签（1/6和2/6）

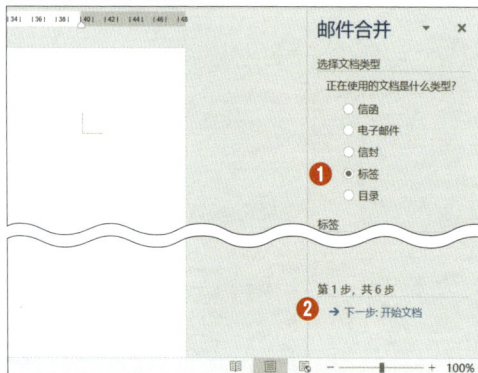

邮件合并　▾　✕

选择文档类型
正在使用的文档是什么类型?
○ 信函
○ 电子邮件
○ 信封
❶ ● 标签
○ 目录

标签

第1步，共6步
❷ → 下一步：开始文档

选择 [标签] 单选按钮❶，然后单击 [下一步：开始文档] 按钮❷。

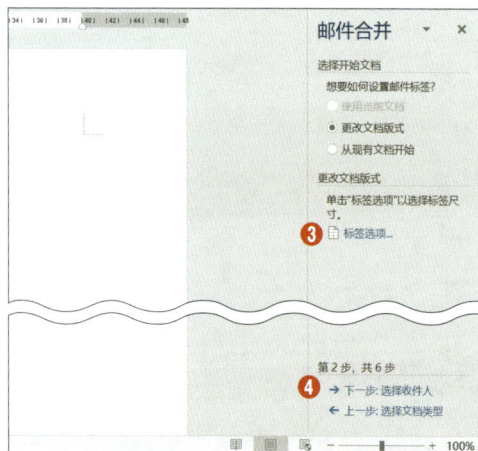

邮件合并　▾　✕

选择开始文档
想要如何设置邮件标签?
○ 使用当前文档
● 更改文档版式
○ 从现有文档开始

更改文档版式
单击"标签选项"以选择标签尺寸。
❸ ▯ 标签选项...

第2步，共6步
❹ → 下一步：选择收件人
← 上一步：选择文档类型

单击 [标签选项] 链接❸就会弹出 [标签选项] 对话框，在此可以选择要使用的标签。选择完成后单击 [下一步：选择收件人]❹。

◐选择地址簿（3/6）

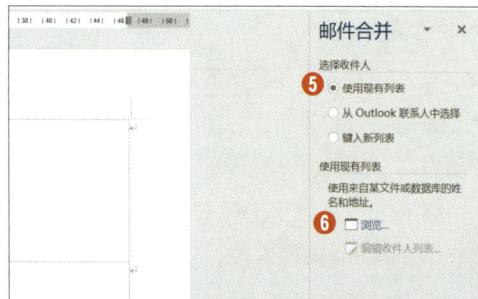

邮件合并　▾　✕

选择收件人
❺ ● 使用现有列表
○ 从 Outlook 联系人中选择
○ 键入新列表

使用现有列表
使用来自某文件或数据库的姓名和地址。
❻ ▢ 浏览...
☑ 编辑收件人列表...

在"选择收件人"下选择 [使用现有列表] 单选按钮❺，然后单击 [浏览] 链接❻。弹出 [选取数据源] 对话框后选择地址簿文件。

当选中的工作簿中有多张工作表时会弹出左侧对话框，选择目标工作表❼。

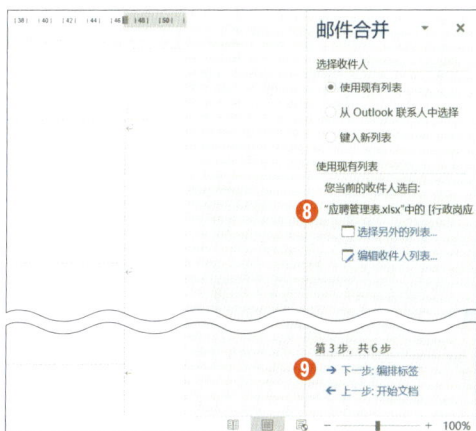

接下来弹出［邮件合并收件人］对话框（→P.239），在此可以不做任何操作只单击［确定］按钮。然后窗口中显示工作簿名称和工作表名称❽，单击［下一步：编排标签］按钮❾。

　　此时已经完成了准备收件人标签和读取插入标签中的Excel数据。关于［邮件合并收件人］对话框，在P.239有相关解说。接下来编排标签。

⏷把地址簿数据插入标签后排版（4/6）

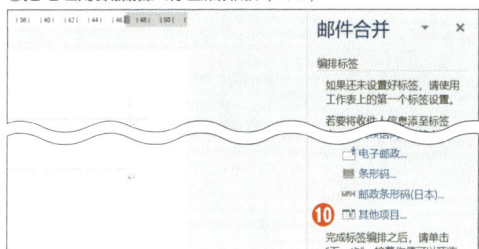

单击［其他项目］链接❿。

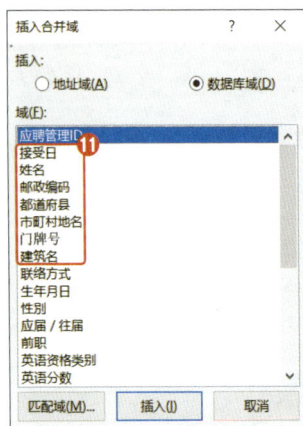

在［插入合并域］对话框中，双击标签必需的项目（例子中为"邮政编码"、"都道府县"、"市町村地名"、"门牌号"、"建筑"、"姓名"、"申请者ID"）⑪。

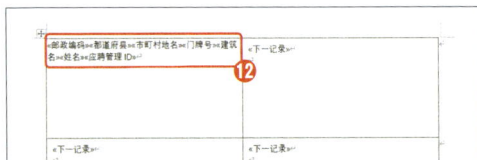

此时项目已经插入一张标签中⑫。像"《邮政编码》"这样，用《 》表示一个项目。

调整字体、字号大小、文字对齐方向、行间距、布局⑬。仅在一张标签上调整排版即可。

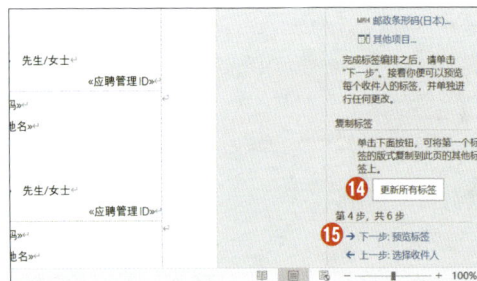

单击［更新所有标签］链接⑭后，第一张标签的排版就会套用在所有标签上。接着单击［下一步：预览标签］按钮。

标签的预览显示和输出（5/6~6/6）

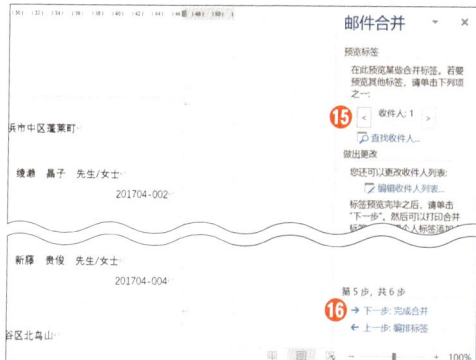

单击"预览标签"中的［＜］**15**，就能预览标签。确认完成后单击［下一步：完成合并］**16**。

若需要打印时就单击［打印］按钮，想要另存为新文件时就单击［编辑单个标签］按钮，在接下来弹出的画面中选择［全部］单选按钮，单击［确定］按钮。

COLUMN 最好另存为新文件再次确认

就算为了防止住址中途换行而采用了精心分割地址的对策，有时还是会出现太长的住址，所以没有完美的对策。把标签另存为新文件，在打印前把所有标签都确认一遍是最为稳妥的做法。我以前拜访过的一家公司，在电脑架上贴有收件人标签的制作方法，上面的最后一步以波浪线强调"另存为新文件，打印前再度确认"。虽然该部门一次要发送将近1000份信件，但是排版混乱的标签会很醒目，所以不难排查问题。这种确认作业，乍看可能是无用功，但可以避免纸张浪费和回滚工作，总体而言实则是提升工作效率。

◐另存为新文件的收件人标签

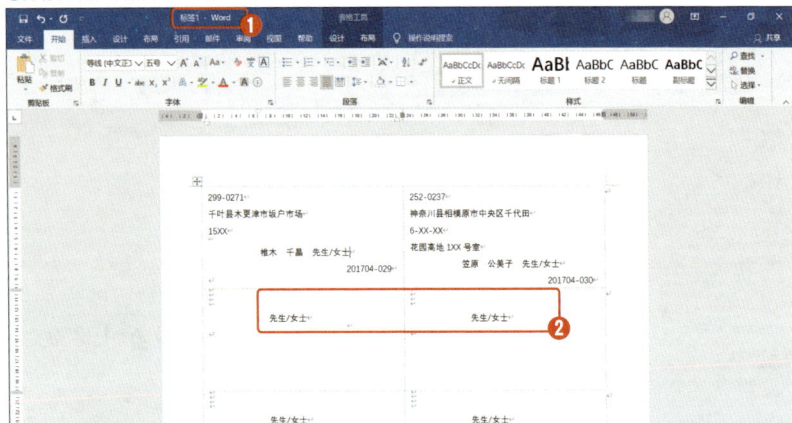

文件输出后为"标签1"临时文件名❶，所以在保存时要选择一个合适的文件名。向下滑动可以确认收件人标签的排版，另外对一些细节也可以修正。删除标签中多余的内容还可以防止打印时的浪费❷。

　　虽然经过以上步骤就已经可以打印了，但是标签还停留在邮件合并分步向导"步骤6/6"的状态，以"标签1"的形式存在。所以若想以后重复使用该标签，就要保存。这时，插入数据时使用的Excel的地址簿文件也会附带。下一次打开文件时会显示提示对话框，单击［确定］按钮即可。之后可以再次启动邮件合并分步向导，在［邮件合并］窗口单击［上一步］或［下一步］切换画面，可以重新编辑标签。

COLUMN ▶ 为了彻底保护个人信息，制作收件人标签也是正式员工的工作！

　　多数情况下，收件人标签不算是核心业务，这时会交给打工人员制作标签，所以正式员工不用特意记住邮件合并的使用方法。然而，人们日渐重视个人信息管理的重要性，越来越多的公司仅允许正式员工访问个人信息文件。这种情况下，只能正式员工亲自制作标签。另外，如果被其他人拜托制作标签时，什么也不知道、什么也不会做也不是件好事。职场上经常发生意料之外的事情，所以以防万一，最好学会自己制作标签。

可以只向地址簿中的一部分人
寄送吗？

▶▶▶ 在邮件合并分步向导中筛选数据。

　　由于在邮件合并中使用的数据都是基于顾客主数据这种大数据库，所以常常有多余的收件人信息混杂在里面。类似的具体情况有：在管理招聘时需要向通过二次面试人寄送下次面试的邀请、在管理顾客时需要向此次活动的目标群体发出活动说明。

　　选定条件，仅为筛选出符合条件者制作标签，这一操作要在P.235的步骤7显示的[邮件合并收件人]对话框中完成。数据的筛选方法与在Excel中的筛选同理。

⟳在［邮件合并收件人］对话框中筛选收件人

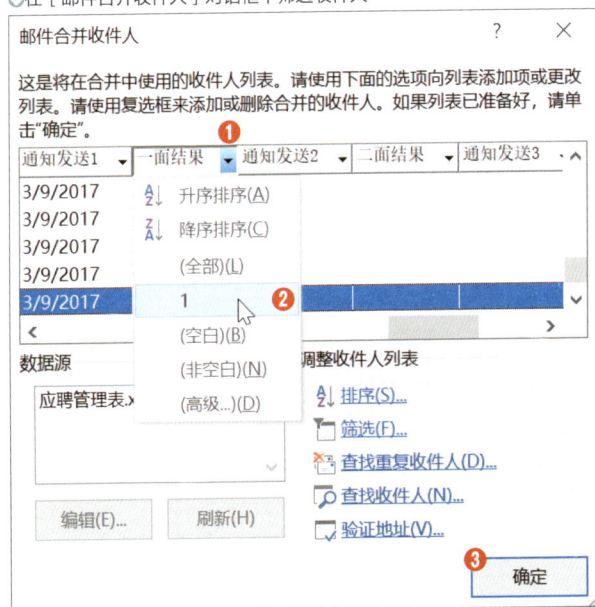

按照P.235的步骤操作，在步骤7之后显示上图对话框。单击［一面结果］下拉按钮❶，从下拉菜单中选择1选项❷，输入了1的数据会被筛选出来。筛选完毕后单击［确定］按钮❸，按照P.235步骤8往后继续操作，便可为筛选出的数据制作收件人标签。

One Point
已经有收件人标签专用的文件时怎么做

在Excel中输入筛选必需的数据，然后更新文件。接着，打开收件人标签Word文档，在弹出的窗口处单击［确定］按钮。这样，Word就会再次与Excel文件关联。然后启动邮件合并分步向导（→P.233），显示"步骤3/6"。若画面停留在其它步骤，就单击窗口下方的［上一步］，［下一步］来切换画面。单击窗口中间的［编辑收件人列表］按钮，弹出［邮件合并收件人］对话框，然后根据P.239方法筛选数据。

◉使用做好的收件人标签筛选数据

打开收件人标签Word文档，在弹出的窗口中单击［确定］按钮。启动邮件合并分步向导，确认使用的Excel文件❶。单击［编辑收件人列表］按钮❷，弹出［邮件合并收件人］对话框，然后根据P.339方法筛选数据。

筛选完成后，预览显示。单击［邮件合并］窗口下方的［下一步］按钮，调到［步骤6/6］，然后单击［打印］或者［编辑单个标签］按钮。

One Point

如何插入数据打印邀请函

　　向邀请函中插入姓名等数据同时要打印，其操作方法与收件人标签同理。收件人邀请函可以选择已有的母本或新建的母本，而邀请函需要事先做好文件，打开文件启动邮件合并分步向导。

◆向邀请函中插入姓名等数据的同时打印

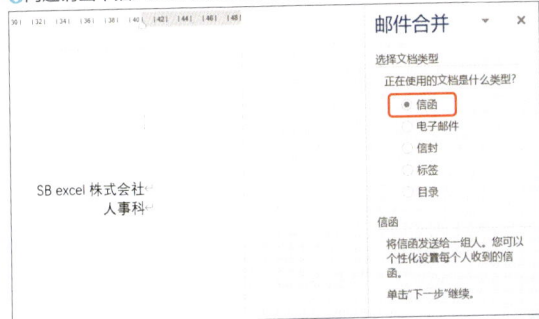

在［邮件合并］窗口的［步骤1/6］中，选择［信函］单选按钮，单击［下一步：开始文档］按钮。在［步骤2/6］中选择［使用当前文档］单选按钮，其它操作与P.234的步骤5之后一样。

COLUMN　用Excel就能制作，还有必要用Word吗？

　　有人认为用Excel就能做好的文件没必要再使用Word制作，但是像以上介绍的邮件合并，使用Word能保证打印效果与页面上一致，还能提高工作效率。如果想用Excel的功能实现和邮件合并一样的效果的话，需要先准备与打印数量等数的母本，然后在指定单元格中输入引用数据库数据的公式。不仅耗时，而且更容易遗漏、泄露信息。最不可取的方法是把单元格调整到标签大小，在一个单元格内输入邮政编码、住址、姓名等多个信息。这样连替换数据、筛选数据等Excel的功能都无法实现了。如果只用来打印，不做其他操作的话还好，但是通常还是要避免阻碍Excel功能的数据输入方法。如果以打印为目的，推荐与Word链接。

可以分割被整合的地址吗？

▶▶▶ 使用文字列操作函数分割。

　　想要分割被整合在一个单元格内的地址时，要使用查找文字函数和查找单元格内的文字位置的函数。为了便于理解，不谈函数的组合，而用实际工作使用的单元格讲解分割方法。

分割住址中的都道府县

　　分割都道府县要用LEFT函数。目前，只有"神奈川县"、"和歌山县"、"鹿儿岛县"是四个字，其它都是三个字。所以可以先只找出从左开始前三个字，再用筛选功能补上第四个字"县"。单击［数据］选项卡下的［筛选］按钮就能调出筛选按钮。分割完成后，解除筛选按钮，复制再粘贴为数值，就能从函数变为文本。（→P.63）

◉用LEFT函数找出前三个字，再用筛选功能修整

在F2单元格中输入公式"=LEFT（E2,3）"，自动填充至最后一行。单击筛选按钮筛选出F列中需要修整的县名（本例中为"神奈川"）❶，选中筛选出的数据范围❷，把函数公式中的"3"改成"4"❸然后按下Enter键。

分割都道府县往后的住址

　　要分割都道府县往后的住址，要使用MID函数，还要准备一个计算都道府县字数的作业列。计算都道府县的文字数要用到的是LEN函数。基于LEN函数求出的文字数，再用MID函数筛出市町村名。这时，指定筛选文字数为一个较大数值就能把直到末尾的文字都筛选出来。

LEFT函数	从文字列左端开始取出指定数量的文字
公　式	=LEFT（文字列，文字数）
说　明	从文字列左端开始取出指定数量的文字

● 基于都道府县名的文字数筛出市町村名

插入G列，在G2单元格中输入"=LEN(F2)"，求出都道府县名的文字数❶，自动填充至最后一行。在H2单元格中输入"=MID(E2,G2+1,100)"，取出从都道府县名文字数位置开始直到第100个字的所有文字，填充至最后一行❷。

之所以要计算出都道府县名的文字数，是为了标记MID函数的开始位置。如果不使用LEN函数，而是在文字数列全部输入3，然后筛选出4个字的县名，把文字数改成4也是可以的。另外，若要在MID函数中输入住址的准确结束位置，需要计算"住址的文字数-都道府县名的文字数"，但这种计算其实是没有必要的。在MID函数中，只要结束为止超出实际文字数，就会取出直到末尾的所有文字，所以只要输入较大的数就能保证需要的内容都能被涵盖。取出市町村名文字后，复制&粘贴为值就能从函数变为文本（→P.63）。变为文本后，删除作业列和整合的住址列。

■ 分割住址中的建筑名

以住址的门牌号和建筑名之间存在全角空格为前提。以空格的位置为基准，分别取出空格以前和空格以后的文字，这样，市町村名和建筑名就分割开了。使用FIND函数可以查找指定文字的所在位置。同样，准备一个作业列输入FIND函数。

LEN函数	计算单元格内的文字数
公　式	=LEN（文字列）
说　明	计算单元格内文字列的字数

MID函数	从文字列中途开始取出指定数量的文字
公　式	=MID（文字列，开始位置，文字数）
说　明	取出从文字列左侧开始指定的开始位置往后的指定数量的文字

下图中的E列和F列是使用LEFT函数和MID函数从一个整合的住址中分割出来的都道府县名和市町村名。插入G列，输入FIND函数查找空格的位置，在H列和I列求出门牌号和建筑名。分割好后同样复制&粘贴为值，从函数转为文本。转为文本后，删除使用了FIND函数的作业列和市町村名的F列。

⊙以住址的门牌号和建筑名中间的全角空格为基准分割

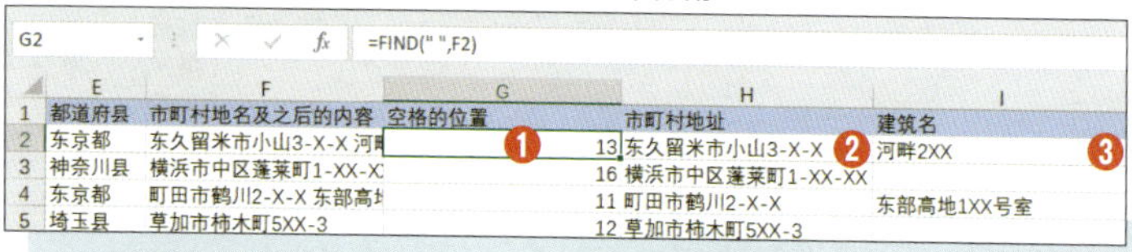

在G2单元格中输入"=FIND（" "，F2）"，找到作为分隔基准的空格的所在位置❶。在H2单元格中输入"=LEFT(F2,G2-1)"，取出从市町村名左端到空格之间的所有内容❷。在I2单元格中输入"=MID(F2,G2+1,100）"，取出空格之后的所有内容❸。

分割住址中的门牌号

以住址中的门牌号都以半角阿拉伯数字输入为前提。每个住址的门牌号一定都是从1～9任意数字开始，所以用FIND函数查找阿拉伯数字的所在位置。FIND函数会返回第一个匹配文字的所在位置，所以就算门牌号从第二个字开始全是数字也不影响结果。另外，如果查找范围内没有匹配文字就会显示"#VALUE!"错误。下图中显示"####"的单元格都属于"#VALUE!"错误。比如，F2单元格的"东久留米市小山3-X-X"，"3"是第八个字，所以I2单元格中显示8。

FIND函数 查找单元格内的指定文字

公 式 =FIND（文字列,对象,开始位置）

说 明 从对象的开始位置开始查找指定的文字列，求出匹配文字列的位置。若省略开始位置，则默认从头开始查找

◆查找住址中是否有以1~9开头的门牌号

准备好9列作业列，用于查找阿拉伯数字的所在位置，输入1~9作为列标题❶。在G2单元格中输入"=FIND(G$1,$F2)"❷，自动填充至最后一列，也就是O列。这样，每个住所中1~9任意数字的所在位置都显示出来了。

接着，用MAX函数计算出G列~O列的最大值，就能知道阿拉伯数字的开始位置了。但是如果参数中有错误则无法计算出结果，这时就用可以无视参数错误进行统计的AGGREGATE函数。AGGREGATE函数有许多功能，在此仅介绍要用到的功能。作为MAX函数使用要把统计方法设为"4"，无视错误要把选项设为"6"。

◆求出住址中的门牌号的开始位置

在P2单元格中输入"=AGGREGATE(4,6,G2:O2)"，这样就能无视错误计算出指定范围内的最大值，即住址门牌号的开始位置。

这样就计算出了分割基准的位置，之后的步骤同P.244一样。插入显示分割后的住址的列，分割基准以前的内容用LEFT函数取出，之后的内容用MID函数取出。

AGGREGATE函数 求出多种统计结果

公　式	=AGGREGATE（统计方法,选项,引用）
说　明	在指定的单元格区域（引用）内根据指定的选项和统计方法求出统计值

◉以阿拉伯数字的开始位置为基准分割住址中的市町村名和门牌号

Q2					=LEFT(F2,P2-1)		

	F	P	Q		R	
1	市町村地址	开始位置	市町村地名		地址	
2	东久留米市小山3-X-X	8	东久留米市小山	❶	X-X	❷
3	横浜市中区蓬莱町1-XX-XX	9	横浜市中区蓬莱町		1-XX-XX	
4	町田市鹤川2-X-X	6	町田市鹤川		2-X-X	
5	草加市柿木町5XX-3	11	草加市柿木町5XX-		3	
6	东村山市久米川町4-XX-XX	9	东村山市久米川町		4 XX-XX	

在Q2单元格中输入"=LEFT
(F2,P2-1)"❶，在R2单元格中输
入"=MID(F2,P2,100)"❷，分
别向下填充公式这样就能分割市町
村名和门牌号了。

　　经过以上一系列操作，本来被整合到一个单元格的住址就被分割成了"都
道府县名"、"市町村名"、"门牌号"和"建筑名"。但是，在分割建筑名和分割
门牌号时作为前提的全角空格和半角阿拉伯数字一旦发生偏差，就无法成功分
割。当门牌号和建筑名之间混有半角空格、门牌号中混有全角阿拉伯数字时，
使用JIS/ASC函数整理数据后再分割（→P.63）。从以上操作可见，这一连串的
分割十分费时费力，所以要从开始就做出分隔形式的数据库。

COLUMN　　避免向服丧者或逝者寄送的办法

　　公司内有负责向客户寄送应季礼品、贺年卡等的部门。此类部门大多用
Excel对客户名簿和礼品簿进行管理。我曾看到有的Excel数据中详细记录了公
司名/部门/职务/姓名/住址，却未留心记录服丧期和逝者。

　　这样当然会引发问题，因为向逝者寄送了贺年卡，会收到接收方严厉的投
诉，而且，这竟然已经是第三次发生类似事故了。处理投诉的责任人当场道歉，
然后便没有了下文，也没有与同事信息共享。另外，由于Excel中没有用于管理
服丧期的项目，所以把此类信息记在了备注栏，然而备注栏无法发挥筛选功能的
作用。虽说类似事故可能一年只发生几回，但累积下来就会逐渐降低人们对公司
的信任度。应该添加"服丧期"等类似项目，在打印前使用筛选功能筛掉匹配人
士即可。

可以在Word中使用Excel表吗？

▶▶▶ 把Excel表复制&选择粘贴形式后粘贴到Word中。

根据种类，公司内使用的表单会分为Word和Excel形式。比如，报价单、订单用Excel制作，而各种报告书和申请书用Word制作。

但是，虽说是用Word制作，也不代表从头到尾只用Word制作。文书中需要的表可以在善于制表的Excel中制作，然后再粘贴至Word文档中不失为一个高效的办法。

把Excel表粘贴至Word时的诀窍是在Excel的［视图］选项下取消勾选［网格线］复选框，让工作表的网格线取消显示。这样粘贴到Word后不会带有多余的线条。另外，选中Excel表的范围复制后，在Word粘贴时选择［粘贴链接］单选按钮，就能让Word实时更新Excel内的修改。

◑ 在［选择性粘贴］对话框选择［粘贴链接］单选按钮

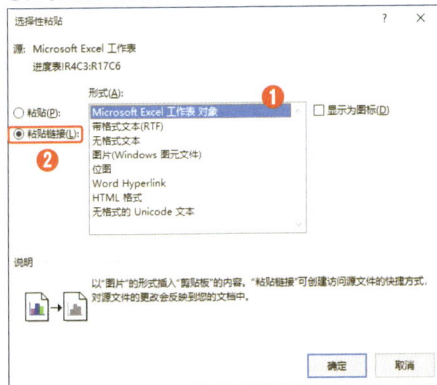

选中Word文档内的粘贴位置后，单击［开始］选项卡下的［粘贴］下三角按钮，选择［选择性粘贴］选项，弹出左图的对话框。形式为［Microsoft Excel二进制工作表对象］❶，选中［粘贴链接］单选按钮❷，然后单击［确定］。

温水煮青蛙

该词的意思是没能及时注意到逐渐发生的变化，等注意到时为时已晚。该词的由来是青蛙进入热水会跳起来四处逃窜，但如果一开始先把青蛙放入冷水，渐渐加热，青蛙会逐渐适应温度发觉不到变化，等到发现时已经煮熟了。本章中提到，如果不谨慎对待收件人标签和寄送对象，就会渐渐失去信用，一直持续下去终会演变成无法挽回的事态。这也是一种"温水煮青蛙"。

和Excel链接的Word文档打不开了！

▶▶▶ 原因在于链接的文件的保存位置发生改变。

在邮件合并或粘贴链接的情况下，与Excel文件链接的Word文档存有Excel文件的保存位置信息。打开Word文档单击［确定］按钮后，Word文档就会访问其记录的Excel文件保存位置，再次关联其链接的文件。但是，一旦文件的保存位置发生改变，原位置没有了文件，就会发生错误。

◐打不开和Excel链接的Word文档

●Word文档

桌面

《ID》
《姓名》

本月的使用费为
《金额》元。

Excel文件的保存位置是桌面。

链接不上

？文件不存在

重新链接

●Excel文件移动后的位置（假设为
"文档"文件夹）

ID	姓名	金额
A01	山田拓	100
A02	吉冈穰	150
A03	沢村亮	180

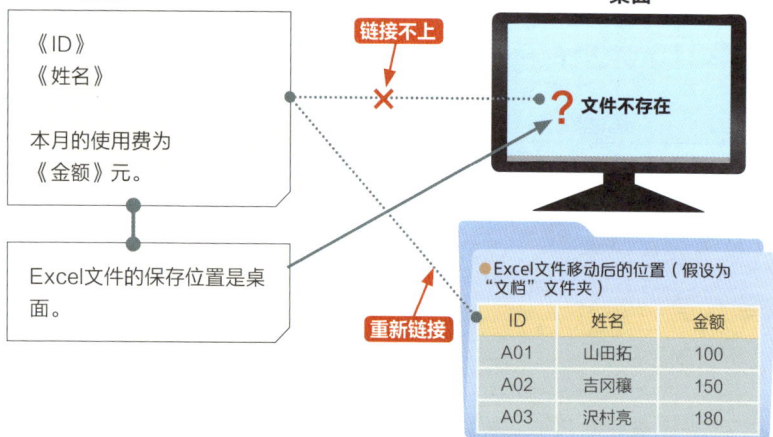

为了避免错误，不要移动与Word文档链接的Excel文件。但是，由于职场的文件保存基准发生改变等原因，有时候不得不改变文件的位置。这种情况下，要从"查找数据文件"选中移动后的文件进行重新链接。但是，在显示"查找数据文件"之前，要对两次错误提示单击［确定］按钮，然后对［数据链接属性］单击［取消］按钮。只要在"查找数据文件"选中移动后的文件，就能再次链接，Word文档也能正常打开。但是保存后再次打开还是会弹出错误信息，还需要重新设置一遍，所以为了避免这些麻烦，要把Word文档更名另存。这样，新的链接就被保存下来，重新打开也不会出现错误。

●在"查找数据文件"重新链接

在错误提示对话框中单击 [确定] 按钮，在 [数据链接属性] 单击 [取消] 按钮，第二遍错误提示单击 [确定] 按钮，然后就会显示上图。在"查找数据文件"中选中移动后的文件。

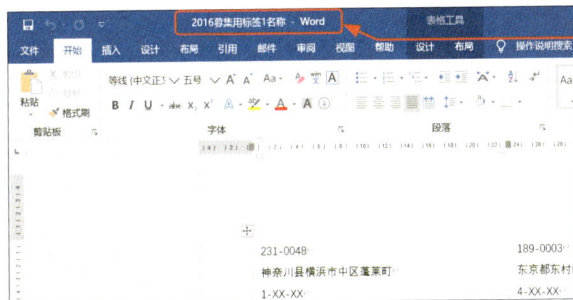

更名另存

重新链接Excel文件后，把Word文档更名另存。如果仅仅在编辑后保存，下一次打开时还需要重新设置链接。

　　另外，移动Word文档不会有任何问题。因为Excel文件的保存位置记录在Word文档中，所以移动Word文档也不会破坏链接。

术语解说 **Recommend**

　　有推荐的意思。本章推荐搭配使用Excel和Word，可以说"Recommend Excel与Word的搭配使用"。虽然会有人觉得直接说"推荐"就好，但在商务场合，Recommend一词会高频出现。

索引